KB174942

모래상자
이야기

모래상자 이야기

모래놀이치료 사례연구

문채련 지음

이담
Books

들어가면서

　모래상자 이야기는 모래놀이를 하면서 동화세계 속으로 들어가 정신과 영혼이 자유롭게 창조하는 과정을 통하여 자기 그림자를 찾아 떠났다가 많은 경험을 하고 다시 현실로 돌아오는 마음의 여정을 말하고 있다. 모래상자 이야기는 어떤 힘에 의해 원형단계의 힘든 여행을 시작하면서 다양한 체험을 통해서 자신보다 큰 힘의 도움을 받게 되고, 영적인 만남으로 변화를 보인다. 또한 통과해야 하는 어려운 과정 속에서 잃어버렸던 내면세계에서 정체성의 혼돈과 충돌하면서 자기의 그림자와 만나게 된다. 자기에게 집중했던 과정들이 가족과 현실에 적응하고 그 안에 동화되어 간다. 주인공은 새로운 과업을 위해 어려운 과정을 극복하고 상처받은 자아(ego), 지배받던 자아(ego)가 사라지고 새롭게 자기(Self)가 형성되어 돌아온다. 모래놀이의 여정에서 얻은 경험으로 주인공은 자아(ego)와 자기(Self) 사이에 조화로운 관계가 형성된다. 이 과정 속에서 스스로를 정화시켜 마음의 평화를 찾을 수 있다. 여기서 개성의 길, 즉 원형의 여정에서 많은 사건들과 어려움을 경험한 주인공은 변화를 보이면서 출발과는 다른 새로운 일상생활로 그 자리에 서게 된다.

　이 모래상자 이야기는 모래놀이 치료의 슈퍼비전(Friedman & Mitchell, 2007)에서 일부분을 사용하여 본인에게 치료받은 사례를 내담자에게 허락을 받아 이야기로 엮은 것이다.

　이 책을 내기까지 도움을 주신 분들과 한국모래놀이치료학회 김보애 수녀님께 감사의 마음을 전한다. 특히 하나님께 감사를 드린다. 그리고 우리 가족과 친지 모두에게 이 책을 바친다.

2009년 10월 24일

연구실에서

차 례

제1부

모래놀이치료에 대한 이해

1. 모래놀이치료란 무엇인가?

모래놀이치료는 모래상자를 이용한 기법으로 1929년 영국의 소아과 의사인 Lowenfeld에 의해 고안된 아동심리치료기법이다. 그녀는 Freud의 이론을 아동의 치료에 적용한 Melanie Klein이나 Anna Freud의 공헌을 인정하면서도 아동은 사고, 감정, 감각, 관념, 기억들이 모두 복잡하게 뒤엉켜 있으며 아동의 사고는 유동적이며, 단계적이 아니라 한꺼번에 서로 얽혀 있기 때문에 아동을 치료하기 어렵다고 보았다. 그녀는 아동의 개념은 외부세계와 관계가 없다고 보고 해석이나 전이의 과정 없이도 아동이 자기 생각과 정서를 쉽게 표현할 수 있는 새로운 매체가 필요하다고 주장하였다. 그리고 그녀는 새로운 매체는 동시에 이루어지는 아동의 사고를 표현하면서도 사고의 전체를 표현할 수 있어야 하며, 시각뿐만 아니라 촉감과 같은 감각요소를 함께 지닌 도구가 필요하다고 보았다. 이런 도구로 개발된 것이 바로 'The World Technique'기법이다(김경희, 이희자, 2005).

스위스의 Dora Kalff는 Lowenfeld의 'The World Technique'와 Jung의 분석심리학을 접목시켜 이 기법을 크게 발전시켰다. Kalff는 치료자와 내담자의 관계를 중요시하였다. 그녀는 이 양자의 관계를 '모자의 일체성(mother-child unity)'이라는 표현으로 나타내고 있다. 그리고 이와 같은 관계가 성립하면 내담자 자신이 자기치유의 능력이 발휘하기 시작하여 '전체성의 상징을 표현하기 시작한다.'라고 생각하였다. 즉 Jung이 말하는 자기(self)의 상징이 생겨나기 시작한다는 것이다. 이 상징의 의미는 구태여 해석하지 않아도 치료가 가능하며 특히 아동의 경우에는 아무런 해석도 필요하지 않다고 보았다. 이와 같은 상징체험은 치료과정의 중요한 핵심으로 Kalff는 이것을 내담자가 언어를 수단으로 하지 않고 '보호된 장면에서의 상징체험에 의하여 치료가 진행되어 간다.'고 설명하고 있다(김보애, 2005).

Kalff는 Neuman의 심리발달이론 5단계를 3단계로 재정리하였다. 첫째 단계는 동

· 식물의 단계로 대개 첫 작품이나 초기의 작품에서 인물이 적은 동 · 식물을 많이 사용한다. 아동의 경우는 혼돈의 상태처럼 보이고 흐름을 알 수 없는 동물과 식물을 많이 사용하는 것을 흔히 볼 수 있다. 둘째 단계는 투쟁의 단계로 전쟁장면이나 파괴적인 장면들이 많이 나타나며, 치료의 중반기로 갈수록 전투가 강렬해지고 조직화되며, 일반적인 파괴가 아니라 균형이 있는 투쟁이 나타난다. 또한 영웅이 등장하여 힘을 행사하는 장면이 꾸며진다. 이때 남자 아동들은 강한 자아를 재확립하기 위해 노력하며 투쟁이 외적으로 발산되는 형태가 나타난다. 그러나 여자 아동들은 파괴적인 장면을 연출하는 예는 드물고 투쟁을 내재화하여 소품들을 이용하여 공상을 그들의 본능과 연결하여 동화의 세계, 환상적인 세계를 만든다. 즉 자기와 동일시되는 인형을 가두는 등의 행동을 보이기도 한다. 셋째 단계는 집단에의 적응단계로 내담자는 자신의 내면세계에 몰입한 후, 통합과정에서 집단에의 적응과정을 보여준다. 종료가 가까워지면 창의적인 장면들을 만들며 독립되고 완전한 한 개인처럼 느끼기 시작한다. 말기에는 상징적으로 완전함과 전체감의 표현인 원, 네모 등의 이미지가 나타나며, 이것은 통합을 의미하는 것이다. 그러나 모든 모래놀이치료과정이 이러한 단계를 거친다고는 볼 수 없으며, 이 단계를 거치지 않고도 치료가 잘 진전되기도 한다(김보애, 2005).

모래놀이치료의 본질은 Jung이 개별화라고 명명한 자기발전과정으로서 인간이 스스로 자신의 그림자의 측면을 받아들이고 경험하기 시작할 때에만 시작된다는 것이다. 내담자 자신이 모래상자 꾸미기의 과정에서 자기실현을 표현하고, 치료가 진행됨에 따라 치료자는 내담자와 더불어 개성화 과정에 깊이 관여해 가게 된다. 개성화 과정은 인격발달을 위한 계속적인 과정이다. 모래놀이치료는 내담자의 개성화 과정을 촉진하고 격려하며 모래상자 꾸미기를 통해 전체성과 통합성을 획득한다. 모래놀이치료는 자아실현의 통로이다(김경희, 이희자, 2005). Dora Kalff에 의해 발전된 모래놀이는 Jung의 이론을 지향하고 비언어적인 형태의 치료로서, 치유에 대한 영혼의 자연적인 능력을 촉진하는 치료기법으로서 치료자에 의해 제공되는 '자유롭고 보호된 공간'에서 어린이 · 청소년 또는 어른들이 모래, 물, 및 소품 등을 이용하여 자기 내면의 상상세계를 구체적으로 표현할 수 있게 된다. 그러므로 모래놀이는 내담자의 내적인 상징 세계를 반영하고 또한 모래 상자와 같이 안전한 용기에 그것을 표현할 수 있는 제공된 장소로 모래놀이의 경험은 외적이고, 언어적이며, 외부에 초점이 맞춰진 일상 세계의 균형을 제공하며 더욱 개방적이고, 조화롭고, 융화된 삶의 방식으로 이끄는 방법이다.

2. 모래놀이 슈퍼비전의 역사적인 근거

1982년 Dora Kalff는 공식적으로 국제모래놀이치료협회(International Society of Sandplay Therapy, ISST)를 설립하였다. 초기에는 영국, 프랑스, 독일, 이탈리아, 일본, 스위스 및 미국의 지사를 통해 전 세계로 퍼져 나갔다. 국제모래놀이치료학회 정회원이 되기 위해서 치료자들은 교육 조건을 성공적으로 완수해야 하며, 논문을 써야 하고, 그들 자신이 개별적으로 모래놀이과정에 참가해야 하며, 그룹 및 개별 슈퍼비전에도 참여해야 한다. 국제모래놀이치료학회 정회원이 된 모래놀이 슈퍼바이저는 다른 모래놀이 치료자들을 지도하기 위해서는 학회가 인정한 슈퍼바이저와 함께 공동으로 슈퍼비전을 받거나, 학회회원보다 앞서 사례에 대해 개별 발표하는 것 등과 같은 추가적인 요구사항을 충족시켜야만 한다. 또한 협회가 설립되었을 때부터 인정되고 있으며, 협의의 약관에 명시되어 있는 것은 ISST에서 요구하는 과정을 모두 충족시킨 치료자는 슈퍼바이저로서 인정을 받아 다른 치료자의 모래놀이 사례 슈퍼비전이 가능하다는 것이다. ISST에서 인정한 모래놀이 슈퍼바이저라는 과정이 함축하는 의미는 슈퍼비전이 교과서 중심의 수업과 임상적인 실습의 확장이라는 것이다. 슈퍼비전은 항상 모래놀이를 학습하는 데 없어서는 안 될 일부였지만, 더 큰 심리학 분야에서의 역사적인 근거는 다소 다르다. Freud와 Jung 및 그들과 동시대의 사람은 지도자가 없었을 뿐만 아니라, 공식적으로 다른 임상 작업을 슈퍼비전을 한 적이 없었다. 그러나 때때로 동료들은 Freud와 Jung에게 편지, 개인적 만남, 및 전문적인 학술대회 등을 통해 상담을 하였다(Weiner, Mizen, & Duckham, 2003).

Jung은 전문분석가가 되기 위해서는 그들 자신이 개인적인 분석을 받아야 한다고 제안한 첫 번째 분석가이다(Mattoon, 1995). 취리히에 있는 Jung 연구소가 교육 과정에 슈퍼비전을 포함시켰던 1948년 이전에는 슈퍼비전에 대한 교육의 기회는 공식적으로 없었다. 분석가들은 개인적인 분석을 수행하면서 자신의 내담자의 모래상자 표현을 분석하는 과정을 슈퍼비전 받아야 되며, 그 결과를 통해 종종 그들 개개의 분석 경험을 자신의 임상과정의 모델로 삼아야 한다.

Dora Kalff의 슈퍼비전에 대한 접근은 Jung이론을 교육하면서 모래놀이를 하는 과정에서 슈퍼비전 스타일 형태가 나타나기 시작했다. Kalff 여사는 정규수업 형식으로 작은 그룹을 가르쳤으며, 그녀와 함께 작업한 전 세계를 여행한 전문가들과 함께 모래놀이치료를 확장시켰고, 국가적·세계적으로 큰 그룹을 대상으로 강의를 하였다. 또한 그녀는 때로는 모래놀이 이론과 치료에 대한 공개강연을 할 때 비디오녹화를 했으며, 그녀 자신의 모래놀이 장면을 슬라이드로 설명하였다. 그러나 Kalff 여사는 많은 생각들을 글로 썼던 Jung과는 달리 한 권의 책과 적은 수의 논문만을 써서 발표하였다. 그녀는 모래놀이의 치료석 효과를 잘 표현하고, 더 넓게 확장시키기 위해서 그녀가 개인적으로 가르쳤던 유럽, 아시아, 북미, 남미의 특별한 사람을 선택하였다. Kalff 여사는 이들을 통해 모래놀이의 치유능력에 대해 깊은 감동을 공유하였으며, 그들 자신이 임상가로서 존경을 받게 되었다. Kalff 여사에게 교육을 받은 치료자들은 모국으로 모래놀이를 도입하였으며 현재 국제모래놀이치료학회에서 인정된 전 세계의 많은 모래놀이 치료자들의 선구자가 되었다.

3. 융 이론과 슈퍼비전

모래놀이치료의 슈퍼비전에 관한 최근의 논문이 그 가치가 인정되면서 이제는 자아와 전형적인 본인을 식별하는 작업이 요구되는 모래놀이 훈련에 대해 Jung의 이론을 접목 시키고 있다. 치료자는 내담자와 활동을 할 때 Jung이론이 지향하는 방향에서 과거를 돌아보고, 오래된 일이나 상처에 머무르기보다는 항상 개성(예: 꿈, 모래놀이, 행동, 창조적인 추진력, 상상, 환상)의 통합과 향후 치유에 대해 새로 제기되는 잠재력을 재빨리 대처해야 한다. 이것이 Jung이 언급하고 있는 예측할 수 있는 태도이다. Jung의 관찰 결과인 예측할 수 있는 태도는 정신세계가 주어진 적절한 상황에서 스스로 치유하려는 자연적인 성향을 가진다는 것이다. 또한 어떠한 상황에서 신체의 상처가 치유되는 것처럼, 정신세계가 안전하고 보호된 환경에서 자연스럽게 스스로를 치유할 수 있도록 돕는 본능적 잠재력을 인정해 주는 것이다.

Jung의 이론에 따르면 *Self*(자기)는 비의식—지혜로운 장소에 머무르며 전체 인격을 지배하는 중심이라고 하였다. 정신세계의 의식적인 부분을 ego(자아)라고 하는데, 전체 이 자아(ego)는 인격보다는 작은 부분으로 구분 지어져 있다. ego(자아)와 self(자기)가 관계를 형성하고 커뮤니케이션을 하면, 개인은 자신과 가장 가까운 실제 상태가 되므로 감정은 더욱 균형 있고 활기차게 된다. 이는 모래놀이가 self(자기)와 ego(자아) 사이의 중요한 가교 역할을 하는 효과적인 수단이 될 수 있다는 것을 보여주는 것이다.

또한 Jung학파 이론은 우리에게 더욱 깊은 차원의 인격을 갖출 수 있도록 해준다. 모래놀이에서 축소물, 물, 모래와 같은 상징물의 사용은 신화, 연금술, 역사, 종교, 다른 문화, 동물 행동 등을 이용한 다양한 수단을 통해 비의식적인 언어는 활기를 찾게 되고, 전형적이고 집합적인 수준의 이해가 되도록 이끈다. 사실상, Jung학파 견해로 볼 때, 모래놀이치료의 지도는 비의식적 과정의 지도와 창조적인 상상의 지도이다. 또한 일련의 모래상자 위의 창작물은 비의식적 복잡성과 광대함을 확인할 수 있도록 한다. 모래 그림의 연구를 통해 우리는 self와 ego의 관계 발전, 개별적 존재로의 여정, 해결되지 않은 화제(예: 반대편의 힘)에 대한 통합, 새로운 창조적 에너지에 대한 출현 및 완전함으로의 이동 등에 대하여 확인할 수 있다.

Jung학파 이론은 예상되는 태도에 따른 비의식의 언어에 대한 이해를 증진시켜 주고 정신세계의 작업을 이해하고 도와주는 데 유용한 큰 방향을 제공해 준다. 또한 지도자가 지도받는 자들의 고유한 감정적인 반응과 직관적인 반응에 집중하면 지도받는 자의 자신에 대한 접근이 나타난다. 이러한 안전한 환경에서 치료자의 개인별 재능과 소질은 인정받게 되고 번성하게 된다.

4. 모래놀이 치료실

모래상자 놀이치료실의 환경은 모래상자를 꾸미는 작업공간과 소품들을 진열해 놓는 장으로 구성되어 있다.

모래상자 놀이치료실은 작은 공간과 비품으로 이루어질 수 있으며 모래와 두 개의 모래상자, 소품들, 물통, 건축 구조물, 카메라, 작은 테이블, 선반의 단순한 구조를 통해서도 치료자와 내담자에게 구체적이고 다양한 아이디어와 가치를 줄 수 있다.

모래놀이 치료실은 신비하고 독특한 느낌을 주는 것이 좋으며, 배치방법은 치료실 공간의 크기나 형태에 따라, 그리고 치료자 개인의 취향에 따라 꾸미는 것이 좋다. 모래상자 놀이치료에 필요한 비품들은 살펴보면 다음과 같다.

〈사진 1〉 모래놀이실

1) 모래상자

모래상자의 크기는 모래상자의 안 치수가 57×72×7㎝이며 모래상자의 안은 하늘색이고 바깥쪽은 검은색으로 칠한다. 안쪽을 파랗게 칠하는 것은 모래를 팠을 때 물이 나오는 느낌을 주기 위한 것이다.

Lowerfeld는 갈색의 굵은 모래와 고운 모래, 흰모래 세 종류를 사용하고 있으며 Kalff는 갈색과 백색의 두 종류를 사용하고 있다. 모래는 적당히 물을 축인 축축한 모래와 마른 모래 두 종류를 준비한다. 이는 젖은 모래가 쌓아 올리기에 좋으나(예: 산, 언덕……) 어떤 내담자의 경우에는 모래가 젖어 있는 것을 싫어할 수 있기 때문이다.

〈사진 2〉 모래놀이상자

〈사진 3〉 갈색 모래상자

<사진 4> 젖은 모래상자

2) 소품

모래놀이치료에서 소품은 특별히 지정되어 있지는 않지만 가능하면 많은 종류를 준비한다. 또한 가능한 한 다채로운 표현을 창출할 수 있도록 같은 종류의 소품이라도 다양한 크기와 색깔을 다수 갖추는 것이 좋다. 꼭 준비해야 될 소품으로는 다음과 같은 것들이 있다.

- 사람은 남녀, 노약자, 어린이 등의 보통 인물도 필요하다.
- 사람: 불상, 그리스도, 마리아상, 천사, 십자가, 군인, 경찰, 악대 등의 특수 인물
- 동물: 가축, 야수, 새, 물고기, 그리고 뱀이나 개구리 등 또는 바다생물
- 탈것: 자동차, 구급차, 소방차, 기차, 비행기, 배, 전차, 군함 등
- 집: 한옥, 양옥, 절, 교회, 성당 등

구조물: 집, 다리, 터널, 깃발, 내부가구 등
• 방어를 나타내는 것: 담이나 철책 등
• 나무, 식물: 산 것과 죽은 것
• 무기: 총, 탱크 등의 군용기 기타
• 자연물: 풀, 돌, 조개 등
• 로봇, 텔레비전 만화의 등장인물

〈사진 5〉 소품 1

〈사진 6〉 소품 2   〈사진 7〉 소품 3

〈사진 8〉 소품 4

〈사진 9〉 소품 5

〈사진 10〉 소품 6

〈사진 11〉 소품 7

〈사진 12〉 소품 8

〈사진 13〉 소품 9

〈사진 14〉 소품 10

〈사진 15〉 소품 11

〈사진 16〉 소품 12

24

〈사진 17〉 소품 13

〈사진 18〉 소품 14

〈사진 19〉 소품 15

〈사진 20〉 소품 16

〈사진 21〉 소품 17

〈사진 22〉 소품 18

대부분의 내담자들은 모래상자 작업 후 그들의 손을 물로 닦기를 원할 것이다. 이때 종이 타월은 내담자가 손을 말리고 깨끗이 하는 데 유용하게 사용될 수 있다. 치료자는 치료실에 휴지상자 놓는 것을 잊지 말아야 한다. 딛고 올라 설 수 있는 계단 역할의 의자 등도 선반 근처에 두어 내담자가 쉽게 소품들을 찾아 사용할 수 있도록 해야 한다. 두 개의 의자가 책상 근처에 있다면 치료자와 내담자가 치료 세션 동안 필요하다면 앉을 수 있도록 도와주기도 한다. 카메라는 세션의 장면을 찍을 수 있으며 그것은 회기별 진행사항을 알 수 있는 자료를 제공할 수 있다.

모래놀이를 통해서 비일상적인 무의식에 닿는 체험이 많이 나타나는데 인형이라든가 완구는 무한한 환상의 가능성을 나타내고 있고 모래놀이치료는 그러한 무의식에 닿는 체험이 일상적 현실에 반영되어 나타난다. 그렇기 때문에 한 개인이 모래상자를 할 때 생기는 이 두 가지 측면의 통합은 그 내담자가 많은 내적인 가능성을 받아들이는 것과 외계와의 적응에 필요한 것을 자력으로 몸에 익히도록 조절하게 되는 것이다.

Jung은 인간 의식의 중심으로 자기와 의식의 장인 자아를 구별하였으나 모래놀이치료에서 자기란 소위 자기상의 자아와 자기중심에 존재하는 변화하고 성장해 가고 있는 자아의 상으로 보는 것이 적절한 것으로 보인다.

5. 모래놀이 치료자의 역할

모래놀이치료에서 치료자는 내담자에게 자유롭고 안정된 공간을 제공해 주고 공감적 수용의 자세를 보여주어야 하는 매우 중요한 역할을 하는 사람이다.

치료자는 내담자로 하여금 '무엇을 하도록' 제안하거나 지시하지 않고 스스로 모래를 만지고 소품을 관찰하고, 그중에 어떤 소품을 선택하여 모래상자에 작품을 만들고 즐기는가를 지켜본다. 치료자는 내담자가 작품을 만들고 있는 동안 그 옆에서 허용적인 태도를 가지고 마음 깊이 존중과 신뢰를 바탕으로, 오직 사랑을 담아 작품이 만들어지는 과정을 내담자와 함께 음미하고 즐거움을 나눈다. 이것은 모래놀이과정을 치료자가 주도적으로 작업을 이끌어 나가게 된다면 의미가 없어지게 됨을 의미한다. 모래놀이치료는 모래상자를 꾸미는 데 목적이 있는 것이 아니라 무의식적으로 모래에 표현하는 과정에서 내담자의 잠재된 내면을 치유하는데 있다.

치료자가 의도하지 않고 방향을 이끌지도 않고 내담자 스스로 분출하고자 하는 것을 방해받지 않고 내담자 앞에서 지켜보아 줄 때, 내담자는 스스로 방해물을 제거해 가면서 수로화해 간다. 이때 수로를 만드는 역할을 하는 사람이 바로 치료자다. 이렇게 되면 내담자는 점차적으로 자신을 활짝 열어 자신의 내면을 통합해 가는데 이를 기다리는 사람 역시 치료자다. 치료자가 내담자의 옆에 있다는 것은 내담자에게는 가장 큰 비중을 차지하며 자기 치유력에 활기를 불어넣어 무의식의 세계를 넘나들면서 갇혀 있던 자기 그림자를 동반하여 상승작용을 하게 된다. 그런 의미에서 모래놀이치료는 치료자의 '인생의 폭과 경험, 다양한 지식의 크기'가 관련이 된다고 할 수 있다. 다른 분야의 치료자들과 마찬가지로 전문적인 여러 이론적 배경에 능통해야 한다. 필수적으로 심리학, 정신의학, 사회복지, 상담계통에서 석사 이상의 교육을 받아야 한다. 그리고 놀이치료, 가족치료, 개별치료 등의 영역에서 일한 경험을 가지고 있는 것이 바람직하며, 특히 가족을 대상으로 모래놀이를 이용해 본 경험이 있다면 더욱 효과적이라 하겠다. Jung 학파를 기본으로 하는 체계이론을 통한 훈련을 받아도 좋고, 가족에 관계된 이론을 기본으로 하는 훈련을 받는 것도 도움이 되겠다. 그렇지만 모래놀이에 관한 훈련과정을 제대로 받는 것은 모래놀이 치료자가 되기 위한 필수요건이라 하겠다. 모래놀이 분야의 특별한 훈련과정 없이 모래놀이치료를 진행해 나가는 것은 대단히 위험한 일이다.

또한 모래놀이 전문가는 치료자로서의 경험뿐만 아니라 환자로서의 경험을 쌓는 것도 중요하다. 다른 사람을 위해 치료를 해 주면서도 자신을 위해서는 아무런 치료도 시도해 보지 않은 치료자들은 내담자의 감정이입이나 감정전이 또는 감정 역전이에서 오는 오류를 범할 수 있기 때문이다. 그것은 치료를 향한 흐름을 이끌어내지 못하여 최대한의 효과를 얻지 못하거나 때로는 파괴적이 되기까지 한다. 어떤 형태의 치료이든지 간에 치료자의 비전과 이해는 반드시 필요하다. 치료자의 도량이 작으면, 아무리 모래상자를 만들어도 거기에는 내담자의 개성화 과정을 촉진하지 못하며 전체성 혹은 통합성 또한 획득하기가 어렵게 된다. 그런 의미에서 치료자는 Jung이 말한 연금술의 '용기'와 같은 존재로서 자신의 일부분을 녹여서 그곳을 자아실현의 통로로 만드는 역할을 하는 사람이라고 할 수 있다.

모래상자 놀이에서 내담자가 자기를 표현하는 데 두려움이나 불안이 있을 경우, 성격이 몹시 소극적인 경우, 강박성향이 있는 경우, 자아의 경계가 아직 확실하지 않은 경우에 상자 밖에 소품을 놓는 경우가 종종 있다. 상자 밖으로까지 세계가 확장될 때에는 자아에 의해 파악할 수 있는 범위를 넘어서서 표현될 위험성이 많기 때문에 치료자는 주의 깊게 대처해 나가야 한다. 또한 때때로 상자 안과 밖에 소품을 놓기도 하고 때로는 모래상자의 한 면을 정리 정돈하여 소품을 놓고 다른 측면은 아주 혼란스럽게 놓으면서 자신의 관심 밖에 두기도 한다. 이는 의식과 무의식의 사이에서 정돈과 무질서가 상호 작용하며 움직이고 있는 점이 그대로 표현되는 것이라 할 수 있다. 이때 치료자는 작품구성의 과정을 중단하는 것이 좋다. 치료자와의 모자일체성을 이루지 못하여 영향력이 미치지 못할 경우나 지료사의 한계를 벗어나서 통합성을 느낄 수 없을 때는 모래상자를 중지시키는 것이 필요하다.

모래상자 놀이치료에서 해석은 과정이 끝날 때까지 제공하지 않으나 사진은 회기별 진행사항을 알 수 있는 자료로 제공할 수 있다. 모래상자 놀이치료자는 불명확한 물음에 대해서 준비된 답을 발견할 수 있도록 훈련을 쌓아야 한다. 또한 내담자의 직접적인 피드백으로 자신의 의견을 수정하거나 또는 모래상자의 그림에 대한 내담자 자신의 감상과정과 결과를 직접적으로 교환하지 않기 때문이다. 따라서 모래상자 놀이치료자는 내담자가 만드는 그림에 대해 어느 때 소품을 수정하고, 어느 때 모래상자 꾸미기를 거부하는지를 주의 깊게 관찰하고 배려하여 어떻게 확장하고 해석하며 평가할 것인가를 명백하게 이해할 수 있어야 한다. 그리고 치료자는 소품 하나하나에 대하여 폭넓은 지식을 가지고 있어야 한다.

치료자는 내담자가 극한 상황에서 특별한 주의가 필요할 때, 이때 전이되어 빠질 수 있는 어떤 맹점을 가지기 쉽다. 이런 경우 다른 인성유형을 가진 누군가가 지도감독 해 주거나 슈퍼바이저의 지도감독이 필요하다. 이와는 반대의 경우도 지도감독이 필요하다. 예를 들어 치료자가 정반대의 성격구조를 가지고 있는 내담자를 치료할 때, 내담자와 많은 의식 차이가 있다는 것을 이해해야만 모래장면의 올바른 해석이 가능하게 되는 것이다. 치료자가 내담자의 모래놀이 작업을 분석할 때 자신의 성격유형에 의식적인 주의를 기울여야만 한다. 그런 분석에 대해 내담자와 이야기를 나눌 필요는 없지만 아마도 비언어적으로 전달될 것이다. Kalff는 치료자와 내담자 사이에 비언어적 이해가 일어나는 것은 치유과정에 있어서 아주 중요하다고 주장하였다.

모래놀이치료에 있어서 모래상자 놀이의 작품은 가능한 전체를 연결하여 보는 것이 좋다. 한 회기의 작품만이 내담자를 표현하는 것이 아니라 그것이 계속해서 행해졌을 때, 어떻게 변화하여 어떻게 관련지어 가는가를 주목하는 것이 좋다. 이는 작품 전체의 흐름 속에서 내담자 내면의 비언어적 이야기를 읽을 수 있기 때문이다. 가능한 한 질문은 적게 한다. 완성된 작품뿐만 아니라 그 과정에도 관심을 두어야 한다. 이는 모래상자 놀이를 할 때 내담자의 움직임, 표정도 하나의 실마리가 될 수 있기 때문에 민감한 관찰이 요구된다. 모래놀이치료의 목적은 안전한 환경에서 규칙이 없이 놀이를 하도록 실제적인 자유를 제공해 주는 것이다.

그러므로 치료자는 인간 삶의 여정 안에서 자신과 내담자의 무의식을 소중하게 여기고 모자일체성을 이루어 통합의 경지에 도달할 수 있도록 도움을 주었을 때 모래놀이치료자의 자질을 잘 갖추었다고 말할 수 있을 것이다.

6. 모래놀이원형의 여정

Betty Jackson(Friedman & Mitchell, 2007)은 모래상자의 이해에 관하여 법칙 혹은 틀을 전체적인 과정의 흐름이나 이동에 대해서 모래놀이치료를 배우고자 하는 교육생들에게 지도할 전문적인 안내의 도식이 필요하다고 하였다. 또한 그녀는 교육생들에게 모래놀이과정의 단계에 대한 교육, 설명뿐만이 아니라 이해하는 방법도 지도해 줄 필요가 있음을 주장하고 있다. 대부분의 교육생은 주어진 모래 상자의 시각적 이미지나 만들어진 상징적 상황을 읽는 것은 빠르더라도, 중요한 '이야기(story)'에 맞춰진 모래상자에 대한 이해력과 전 과정에 대한 이해력은 떨어졌다고 하였다. 그리고 교육생에게는 전체 구조와 연관된 모래 상자의 과정이 어떠한가에 대해서도 도움이 필요하다고 하였다. 모래놀이의 과정이 (1) 앞으로 이동, (2) 퇴행의 경험, (3) 분열, 투쟁 (4) 미성숙한 상태에서 종결하는 경향이 있든지 없든지 간에 올바르게 이해하는 것이 중요하다고 하였다.

Betty Jackson은 모래놀이의 규칙적이고 연속적인 흐름에 대하여 미리 예상하는 선입견을 갖는 것에 대한 위험성을 말하고 있다. 그리고 교육생들에게 모래놀이과정에는 전형적인 영웅이나 영웅의 여정처럼 모래놀이 단계에도 전체적 흐름을 읽을 수 있고 이해하기 위해서는 많은 포용력과 전문성이 필요하다고 말하였다. 그녀는 구체적인 예로 Campbell(1949)의 '천의 얼굴을 가진 영웅'이란 작품 이야기를 하였다.

『내가 최소한 10년 동안 모래놀이 훈련을 받고, 경험한 후 이 책을 처음 읽었을 때, 나는 즉각적이면서도 깊이 있는 의식과 감정에 대한 의미를 경험하였다. 이야기가 전개되면서 Campbell은 신화와 동화 속 영웅들의 여정의 각 단계들을 이미지나 상징의 종류들과 연관시켜 묘사하였다. 나는 그가 책 속에서 계속해서 말하고자 하던 심상 또는 상징성의 형태와 같은 것들을 나의 모래놀이 작업에서 몇 번이고 그가 기술한 것이 무엇이었는가에 대해 실제로 내담자들을 통해 알게 되었다. 나에게 있어서 Campbell이 말하는 전형적인 여정의 단계들은 주제, 테마 및 상징에 대한 명확한 묘사를 제공하였다.

일반적인 여행과 특별한 여행 사이에는 의도하는 바와 목적의 근본적인 차이가 있다. 일반적인 여행이 사교나 재미 또는 교육적인 목적을 갖고 있다면 반면에 특별한 여행은 변화의 목적을 갖고 있다. 특별한 여행은 심리적이고, 정신적이고 영적인 죽음과 환생의 험난한 과정 속으로 영웅이나 주인공을 끌어들이고, 그 과정들은 외적 모험과 대립, 발견 또는 업적들을 통해 빛나 보일 수 있다. 본질적으로 장기간의 모험에 대한 도전은 내적·외적으로 개인의 이익과 큰 공동체를 위하여 매우 중요하다.』

원형에서 각 단계의 도식을 계획하는 것은 일시적이고 고정된, 직선으로 계획하여 이룬 성과보다는 진행되는 단계별 모래놀이과정의 움직임을 더욱 정확하게 반영하도록 시작하는 것이다. 이러한 연속적인 과정의 원형을 통한 이동은 개체형성 또는 의식형성이라는 일생의 일과 유사하다.

전형적인 여행의 원형단계는 <그림 1>과 같다.

원형의 틀은 '위(above)'와 '아래(below)'의 축으로 이루어지며, 이는 무의식의 세계로 들어가는 필요성에 대한 깊은 심리적인 이해와 일치한다. 이것은 미지의, 개척되지 않은 영토를 영웅이 헤쳐 나가는 전형적인 패턴과 같다. 이것은 계절을 주기로 하는 에너지의 이동과 역시 유사하다. 태양의 따뜻함과 빛이 차고 기우는 것에 반응하여 봄과 여름의 뜨거운 빛이 위로 가고, 밖으로 열기가 다 소진되기 전에 가을과 겨울 속으로 들어가 침잠의 세계에서 새로운 탄생을 위해 고통을 감수하며 영혼의 그림자와 직면하는 것이다.

원형의 틀의 다른 장점은 대부분 모래놀이과정에서 발생하였던 갈등, 트라우마 등 어려운 문제들이 원형의 '아래(below)' 단계에서 일어난다는 사실을 시각적으로 반영한다는 것이다. 일반적으로, 대부분의 사람은 그들의 정신세계가 무의식으로 향하거나, 상처 또는 트라우마가 있을 때, 모래놀이 치료를 받기 시작한다. '아래(below)'는 사이클의 단계에서 가장 깊은 무의식, 안쪽에서의 움직임과 연결되어 있다. 일반적으로 정신적인 죽음과 부활을 경험한 후 정신세계가 의식이 돌아오게 되면 사람들은 쉽게 치료를 끝내려는 경향이 있다. 그러나 이 단계에서의 경향성은 깊은 단계의 사이클의 단계로 거기에서 모래놀이를 통해 시각적으로 반영된 대부분의 실제적이고, 변형적인 작업이 일어나는 과정이다.

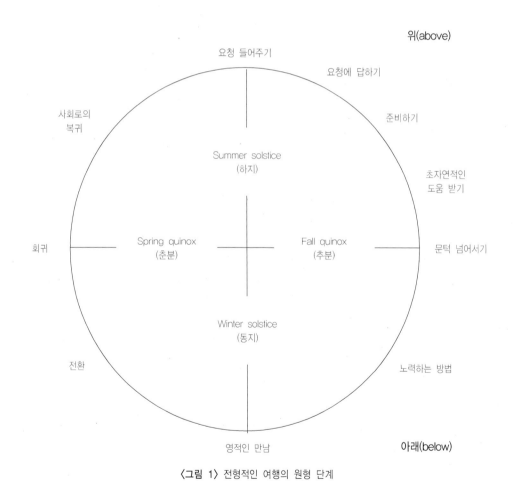

〈그림 1〉 전형적인 여행의 원형 단계

1) 요청 들어주기(Hearing the Call)

심리학적으로 '요청 들어주기'는 내면에서 일어나는 무엇인가를 인식하는 순간을 말한다. 생각, 욕망 또는 충동, 보통 새로운 것과 연관 있는 것 — 기준으로부터 일탈 — 은 누군가의 관심을 얻고 고찰을 요구하는 것이다. 여기에는 항상 그렇지는 않지만 종종 통증, 상실, 일반적인 불안감들이 서로 연관되어 있다. 외부의 특정한 신호들은 애매하거나, 명확하거나 또는 그 사이의 어떤 것일 수도 있다. 그러나 분명한 것은 무언가 그려진 것들은 확실한 의미가 새겨져 있다는 것이다.

모래놀이과정에 따르면, '요청 들어주기'는 보통 치료를 추구하거나 필요로 하는 깨달음으로 또는 다른 접근으로부터 치료가 필요할 때 나타난다.

2) 요청에 답하기(Answering the Call)

요청을 듣게 되면 각자 대답을 하거나 그렇지 않게 된다. 행동을 하거나, 그렇지 않은가에 대한 결정은 그 다음 과제이다. 어떤 사람은 선뜻 부름에 답할 수도 있고, 어떤 이는 회피하거나 저항할 수도 있다.

상징적 수준에서, 모래를 만지고 움직이는 것은 지구의 요소를 이동하는 것과 같다. '어머니는 흙'이라는 어머니에 대한 전형적인 상징처럼 만약 내담자가 어머니에 대한 해결되지 않은 문제들로 모래에 대한 두려움이 있다면 모래를 만진다는 것 자체가 위협적일 수 있다. 딜레마에 빠진 내담자는 긴장감을 풀고 편안하게 하든지, 저항하면서 힘들어하든지 개인의 성과는 열심히 하는 것에 달려 있다. 요청에 응답한다는 것은 이미지를 만드는 첫 번째 단계를 의미한다.

첫 번째 상자의 그림이나 작품은 내담자의 문제점에 대한 통찰력을 제공한다는 장점에서 의미가 있다. 때때로 초기 상자는 암시적 징조를 보이거나, 개인을 무의식 속으로 들어가게끔 하는 데 필요한 것이 무엇인지 말해준다. 개인이 명백한 평온함을 가지고 열심히 전진하든지, 저항과 투쟁하든지 간에 요청에 대답하는 것은 창조적 상상의 세계를 시작하는 첫 번째 단계를 의미한다. '최초의 상자(Friedman & Mitchell, 2005)'라는 첫 번째 작품은 개인이 직면한 문제와 도전에 대한 통찰력뿐만 아니라 자신의 자원과 장점에 대한 통찰력을 제공한다. 때때로 최초의 상자는 예후의 의식적 또는 무의식적으로 무엇이 필요한지를 지시하여 준다.

3) 준비하기와 초자연적인 도움받기(Preparation and Receiving Supernatural Aid)

준비하기는 임상의 모래놀이에서 치료자가 내담자들이 모래놀이를 받아들이게끔 하기 위한 열정과 의욕을 확인하는 것이다. 치료자는 내담자를 위하여 진정한 자유로운 공간을 제공하고, 어떠한 욕망, 희망 또는 문제에 대해 중립적 입장을 취하고 지켜보는 자세를 배워야 한다. 또한 저항에 대해서는 내담자를 존중하고 때로 너무 연약한 자아(ego)를 가지고 있을 경우 심화 과정을 진행하는 것은 현명하지 못하며 위험할 수 있다는 것을 알아야 한다.

여정을 위해서는 많은 것들이 준비되어야 한다. 심화된 치료적 단계에서 신뢰는 매우 중요하다. 치료자는 모래놀이과정에서 내담자를 의미 있고, 효과적인 무의식 속으로 들어가게 하기 위해서는 긍정적이고, 협력적인 전이의 확신이 절대적으로 필요함을 인지하여야 한다.

모래놀이과정에서 내담자들이 깊은 내면의 무의식상태에 도달하기 직전에 종종 전이의 상징이 나타나는 경우가 있다. 이때 놀이과정 중 가장 빈번하게 사용되는 상징은 동화 속의 좋은 마녀, 천사, 여신의 형상 등을 들 수 있다. 이것들은 높은 장소의 유리함속에 두는 것이 좋을 수도 있다. 기둥 위, 블록 위, 모래상자의 가장자리, 또는 천정으로 향한 줄 위의 움직이는 상자 위에 배치하는 것은 위험하다고 할 수 있다. 또한 이러한 상징과 연관된 것은 부적 또는 신비한 힘을 가진 특성이 있는 특별한 보석, 크리스털 및 돌 등일 것이다.

준비하는 과정은 마음을 깨워서 무엇인가를 하도록 하는 것을 의미한다. 즉 요청에 답을 할 마음의 준비가 필요하다는 것이다. 원형단계의 여행은 내담자의 정화작업이 먼저 이루어져야 한다. 신화, 전래동화, '오즈의 마법사'에서처럼 어떤 힘에 의해 힘든 여행이 시작되는 것이다. 자신보다 어떤 큰 힘의 도움을 받게 되고, 통과해야 하는 어려운 과정들이 전개되기 때문이다.

4) 문턱을 넘어서기(Crossing the Threshold)

문턱을 넘어서는 과정에서는 사물들이 정말로 움직이기 시작한다는 느낌이 있으며, 내담자는 일반적으로 모형들의 배치와 한 영역에서 다른 영역으로 이동할 수 있다. 모래상자의 위와 아래, 왼쪽과 오른쪽으로 모형들을 원하는 위치에 놓을 수 있을 만큼 발전을 하게 된다. 가장 일반적인 방법 중 한 가지는 물의 사용과 표현의 증가를 통하여 모래 위에 장면들이 묘사된다는 것이다. 내담자는 마른 모래를 이용하는 것에서 젖은 모래로 바꿀 수도 있고, 큰 수영장이나 시냇가를 보여주는 장면을 그리기도 한다. 이 단계에서는 물에 들어가는 것이 종종 수영선수들이나, 다이빙하는 사람들, 어부 또는 카누나 보트 모형을 만들어 내는 것으로 상싱화된다.

내담자들은 문턱을 넘어 시련의 길을 걷는다. 내면에서 일어나는 충돌들, 양극에서 끌어당기는 과정을 통해 그림자를 직면하게 된다. 아니마, 아니무스 내면의 자아(ego)와 자기(self)가 서로 대치한다. 이 단계는 궁극적으로 자기 스스로와 만나는 과정이다. 내담자들은 자기(self)를 만난 후 자기(self) 팽창의 유혹의 시련을 견뎌야 한다. 자기 자신의 작업이 성실하면 할수록 자신의 콤플렉스를 극복하게 된다.

5) 노력하는 방법(Road of Trials)

무의식 속으로 확실히 들어가는 길은 Campbell이 말한 '노력하는 방법'과 일치하고 있다. 이 과정에서는 보통 힘들고, 위압적이며, 고통스러움을 경험하게 된다. 이제는 현재의 일과 진정한 작업과 투쟁 등 어려움을 경험하게 했던 내담자는 상처 속으로 들어가는 시간이다. 심리학적으로, 대다수의 중요한 발전은 이 단계에서 일어난다. 부동의 방어적인 내적 구조가 형성되고, 어둠의 그림자와 마주하게 되며, 콤플렉스, 즉 복합적인 문제들이 드러나게 된다.

모래놀이에서 사람들은 이동의 주제와 연관 있는 이미지를 자주 창출하게 된다. 에너지의 흐름은 운동이나 투쟁으로 나타난다. 또한 에너지는 종종 길, 통로, 강 등의 이미지로 부각되며, 반면에 막혀 있고 방해되는 에너지는 장애물, 방벽, 벽 등을 모래에 배치하면서 감정의 증폭을 나타낸다. 카오스, 장애, 충돌은 낡고 친근한 형

36

태 또는 추락하는 방법과 같이 주요한 테마가 될 수 있다. 결과적으로, 취약성, 어둠, 파괴 및 절망의 이미지는 이 과정에서 일반적이며, 황폐하고 죽어 가는 땅에서의 '파르시팔'의 여행을 상기시킨다.

이 단계가 진행되어 지는 동안 종종 상상되는 또 다른 테마와 대치되는 긴장감이 나타난다. 콤플렉스가 확인되면, 대치되는 추진력과 감정 사이의 긴장은 의식 속에서 더욱 높아진다. 모순, 우유부단함, 고착된 감정, 분열되는 내부 감정 등이 종종 시각적으로 상자에 묘사되기도 한다.

모래놀이과정에서 '노력하는 방법'의 단계는 오랫동안 진행할 수 있는데, 이는 내담자와 치료자가 이 기간 동안의 에너지의 절제된 무게와 강도를 참을 수 있도록 도전하는 것이다. 이것은 절망에 빠진 내담자나, 그들이 경험했던 시도, 분쟁, 장애의 냉혹함에서 표현되는 분노와 좌절은 흔한 일이다. 이러한 투쟁이 계속해서 진행될 것 같지만, 어려웠던 상황들을 계속해서 보여주면, 깊은 겨울의 에너지가 동지의 빛을 향해 이동하듯이, 성공적인 과정 역시 전환점을 향하게 된다. 때론 점진적으로, 때론 갑작스럽게, 어둡고 무거운 에너지는 무너지고 다른 것이 나타나기도 한다. 그것들은 양초, 보석, 달걀, 작은 푸른 나무 등에 의해 상징화될 수 있다. 이 단계에서 특이한 형상이 표현되는데, 그것은 전에 보지 못했던 새로운 것이고 긍정적이며, 희망을 전달하는 감정을 가진 것이라고 볼 수 있다.

6) 영적인 만남(Encounter with the Divine)

전형적인 영적 만남의 경험은 분석적으로 자아(ego)와 자기(self)와의 만남이라는 심오한 이정표이며, 진정한 삶을 살기 위한 필요성을 획득하기 위한 필수요건이다. 영적인 면과의 만남이 이루어지면 감지할 수 있는 어떤 영적 감정의 존재를 확인할 수 있는 경험을 하게 된다. 자아(ego)와 자기(self)와의 만남은 영적인 세계가 진실하고 신비스럽고, 성스러울 정도로 회복되는 경험을 하게 된다. 그것은 우리 본래의 창조적인 근원, 신에 대한 뿌리 깊음 또는 흔들림 없는 자기(self)에로의 복귀를 의미한다. 이것은 자아(ego)와 자기(self)에의 존경, 신비, 경외심을 동반한 진정한 재결합을 하는 것이다.

모래놀이에서 주목할 만한 것은 자아(ego)와 자기(self)와의 만남의 경험을 어떻게 명료하고, 완전하게 자발적으로 시각화하였는가 하는 것이다. 본질적으로 모래놀이에서 자아(ego)의 이미지는 의도적으로 더욱 대칭적이고 원형이며 만다라와 유사한 형상이며, 미적, 예술적 감각을 강조한 형상이다. 그것들은 종종 종교적인 형상, 불이 켜진 양초 및 보석, 크리스털, 광택이 나는 돌과 같은 정교한 물체들이 포함된다.

심리학적으로 이 시점에서 자아(ego)는 상징화된 그림의 전체적인 것이라기보다는 시각적 성과에 대하여 바른 해석을 요구할 수 있고, 그림 자체를 흡수할 수 있는 형상화라는 점이다. 이러한 취약성은 내담자에게 배타적일 수 있고, 치료자는 내담자의 창의적 발전을 위하여 '책임감 있는' 안내자로 역전이의 현상을 보이며 지나치게 동일시되어 간다. 이때 모래놀이를 성급하게 종결하는 경향을 보이게 된다. 이것은 영적인 면과의 만남, 자아(ego)와 자기(self)와의 만남을 경험한 단계에서 모순이라고 볼 수도 있으며, 동시에 축하를 보내 주기도 하며 주의 깊은 반성이 필요한 때이기도 하다.

7) 전환(Return Road of Trials)

전환은 이전에 했던 것과 비슷하게 나타나는 것으로 이전단계의 추진력과 상실감을 동시에 나타내는 단계이다. 즉 좌절과 낙담을 느낄 수 있다. 다행히 자아(ego)와 자기(self)와의 만남과 관련 있었던 순수한 바람이나 매우 행복하며 높거나 깊은 평화로운 마음은 계속해서 지속될 수 있지만, 이러한 바람은 비현실적이고 무익한 것이다. 보석을 얻는 데에는 매우 힘든 투쟁이 있지만, 전형적인 영웅 또는 주인공은 더욱 많은 시련과 역경을 이겨 내는 작업을 하였다. 현재 다른 점은 영적인 면과의 만남을 통해서 이러한 시도가 더욱 새롭고 건설적인 방법으로 해결되고 극복된다는 것이다. 심리학적으로 이 단계에서 나타나는 변화는 자아(self)와 상처받은 자아(ego)로부터 나오는 활발함과 행동 사이의 차이점을 반영한다.

개인의 자아가 폭풍과 같은 큰 변화를 피하고, 새롭게 회복된 자아(ego)에 머무를 수 있다면 중요한 성장과 변화가 가능하게 되는데, Kalff(1988)는 이를 '자아(ego)의 상대성'이라고 하였다. 이 단계의 모래놀이과정에서 흔히 발견되는 한 가지 발전은 복합적인 문제를 통해 보다 효과적으로 작업한다는 것이다. 노력하는 방법의 단계를 통하여 복합적인 문제와 마주하게 되고 점차 의식이 깨어난 다음 이 단계에서는 효과적인 작업을 할 수 있다. 모래놀이를 진행하면서 노력하는 방법에 따라 콤플렉스와 마주치게 되고 점차 의식이 깨어났을 때 이후 단계에서 효과적인 작업이 일어날 수 있다.

노력하는 방법으로의 전환 중 흔히 나타나는 두 번째 발전은 다리, 신랑 신부, 커플 및 다른 중요한 사람들의 배치를 통해 전형적으로 상징화되는, 상반되는 것과의 화해이다. 모래상자의 통합하는 과정이 일어나고 그 과정 속에서 보물을 획득해도 다시 돌아가야 하는 여정은 계속된다. 자신의 내면에 집중했던 과정들이 가족과 현실에 적응하면서 동화되어 간다. 돌아오는 길은 시작보다 덜 어려우나 어려움을 다른 방법으로 극복해야 한다. 동화 속의 주인공은 새로운 과업을 위해 어려운 과정을 극복한다.

8) 회귀(Crossing the Return Threshold)

앞선 단계에서 문턱 넘어서기가 무의식으로 들어가는 움직임이었다면, 회귀단계는 상승과 관련된 깊은 무의식의 세계에서 올라가고 나오는 움직임이다. 이 단계에서 많은 내담자들이 힘든 작업 중 훈련의 밖으로 나온 자유로운 감정을 묘사하는 이미지를 그려 낸다. 앞으로 나아가려는 능력 '비행' 또는 '착륙'은 종종 독수리, 날개 달린 천사, 비행기 및 보트와 같은 형상의 사용을 통해 나타난다. 이때 문턱에 도달함을 가장 잘 반영하는 형상 중 하나는 춤추는 사람 또는 발레리나를 상자에 놓는 것이다. 수행자로서, 이러한 형상은 내부에서 외부로, 사적인 것에서 공적인 것으로, 연습에서 수행과 서비스로 넘어가는 것에 대한 성취를 상징적으로 나타낸다.

대부분의 내담자는 자아와 재연결된 깊이 있는 시도의 순환하는 이 시점을 통해 흔들리지 않는 확신을 갖고 안전하게 종결할 수 있으며, 단단한 의식은 뿌리를 내리게 된다. 이 단계에서 흔히 내담자들로부터 이제는 '둥지를 떠나기'에 적합하다는 종결이나 축소의 말을 듣는 것이 일반적이다.

9) 사회로의 복귀(Return to the Community)

Kalff(1988)는 깊이 있는 작업에 집중하여 긴 훈련기간을 거친 후 주인공이 일상생활로 복귀하는 것에 대한 중요성을 반복하여 강조하였다. 즉 개인생활로 돌아가는 것뿐만 아니라, 가족, 친구들과의 관계, 사회의 구성원으로서의 관계적 맥락에서의 일상생활로 돌아가게 되는 것을 매우 중요한 일로 보고 있다.

모래놀이 원형의 여정의 마지막 단계인 사회로의 복귀는 내담자의 상처받은 자아(ego), 지배받던 자아(ego)가 사라지고 새롭게 자기(self)가 형성되어 새롭게 탄생한 자기(Self)가 돌아오게 되면 자아(ego)가 자기(self)를 돕는다. 주인공이 돌아와 자아(ego)가 제자리로 재배치되면 과정이 끝난 것으로 생각하지만 이것은 모래놀이치료의 중간과정이 된다.

이 여정은 개인의 변화는 물론 열려 있는 지역사회에 인간관계를 개선하는 일뿐만 아니라 가족, 친지, 형제들과의 변화된 만남이다. 내담자는 자기(self)의 팽창으로 오버하는 잘못을 범할 수 있게 된다. 이러한 상황을 현실에 적용하는 과정에서 인내로 이겨 낼 수 있도록 치료자는 도와야 하며, 실제로 내적으로 성장하는 것을 볼 수 있는데, 진정한 고통과 어려움에서 일상생활로 돌아오면서 변화를 보이는 내담자를 자기조절이 가능하도록 도와주어야 한다.

결론적으로 모래놀이 원형의 여정을 전체적으로 보았을 때, 모래놀이과정은 진행 중이며, '완전한' 과정이 의미하는 것은 순환의 한 부분을 통과하여 다음 단계를 진행하는 완전한 원의 형태를 말한다. 이것을 작은 성과로 보아서는 안 된다는 것이다. 그것은 한번 심으면 계속해서 반복하여 자라는 다년생 식물을 정원에 처음 심은 것과 유사한 것이다. 모래놀이 실행에 있어서, 그것은 마치 일종의 지식, 의식, 열매를 얻는 것과 같으며, 자라서 성장의 촉매작용을 하는 것과 같은 것이다. 원형의 과정에서 재미있는 점은 일상생활로의 복귀를 반영하는 그림에는 성인의 작업에서는 전환, 회기, 복귀같은 현상이 규칙적으로 나타나지 않는다는 점이다. 왜냐하면 성인들은 그들이 일상생활을 통하여 배우는 것을 통합시키는 데 실패하기 때문이며, 또한 그들은 종결 후에도 원형의 이 단계 속에 머무르는 경향이 있기 때문이다. 이 원형의 여정에서 놀랍게도 자연적, 규칙적 방법이지만 모래놀이를 자유롭게 허용한 어린이의 작업에서는 이 모든 것들이 잘 드러나고 있다. 그들의 모래놀이과정은 마을, 농장, 집과 같은 일상생활 장면을 표현하는 과정을 통해 창의적으로 판타스틱한 경지에 도달하게 된다. 또한 어린이들은 통합된 상자를 놓거나 만다라와 같은 완성된 작품세계를 열어 변화를 거치면서 여정을 마치게 된다.

이는 어린이들의 순수한 감정들이 모래놀이 과정 속에서 전이 및 역전이를 체험할 수 있는 역동성이 있기 때문일 것으로 보인다. 또 어린이들이 무의식에서 만난 그림자들이 성인들보다 깊게 드리우지 않아 의식세계로 쉽게 올라올 수 있음을 말해준다.

제2부

모래상자 이야기

1. 꿈을 꾸어요

(모래놀이치료를 통한 자폐성향아동 사례연구)

① 서론

인간은 사회적 관계를 통해서 사회적 행동을 배우게 되고, 사회라는 체제 속에서 타인과 더불어 어울려 살게 된다. 사회적 상호 작용은 상호 교환적인 것으로 한 사람이 사회적 행동을 의도적으로 시작하고 다른 사람이 그에 대한 반응을 할 때 상호 작용이 이루어진다고 할 수 있다. 생애 초기에는 양육자와 사회적 상호 작용이 이루어지고, 아동들이 성장함에 따라 또래와의 사회적 상호 작용을 통해 아동들은 강화와 모방으로 그 사회의 적절한 행동, 가치관, 지식 등을 배우고 그것을 기초로 하여 사회적응력을 기르게 된다(전효진, 2006). 이와 같이 사회에 적응해 나가는 기술은 인간 발달의 기초이며, 인간의 삶에 있어 생활 적응의 중요한 구성요소로서 강조되어 왔다. 특히 아동기의 중요한 발달과업으로 이 시기에 사회적 기술이 완성되지 못하면 문제행동과 열등한 학업수행을 야기하게 되고 아동기 이후의 전반적인 생활에 부적응을 초래하게 된다(Rutter & Garmezy, 1983).

일상생활에서 기본적인 대인관계 형성에 문제가 있고 늘 고립된 자기 자신의 세계 속에 갇혀 상동적 행동과 심한 언어 장애까지 수반하고 있는 자폐아는 1943년 미국의 존스 홉킨스 대학의 심리치료사인 Leo Kanner 박사에 의해 연구 발표된 이래 이 분야에 많은 연구들이 발표되어 왔다(장선철, 2006). 자폐장애는 아스퍼거씨(Asper's Disorder), 레트(Rett's Disorder), 아동기 붕괴성장애(Childhood Disintegrative Disorder), 달리 분류되지 않는 발달 장애(PDD NOS) 등, 전반적 발달장애(Pervasive Developmental Disorder) 범주에 속하며, 그것은 자폐스펙트럼장애(Autism Spectrum Disorder)라고 불리기도 한다. 자폐장애는 이들 중에서 가장 심각하면서 전형적인 형태를 일컫는다(조인희, 2005). 자폐증을 최초로 명명하였던 Kanner가 사회적 결손을 자폐증의 핵심증상으로 지적하였던 바와 같이 자폐성향을 가진 아동들은 일반적인 사회적 기술과 또래와의 상호 작용에서 상당한 어려움을 겪고 있으며, 타인과 적절한 공감적 교류도 하지 못한다(홍준표, 1997). 사회적 상호 작용 및 의사소통은 아동의 인지, 언어 그리고 사회적 지식과 자아감의 성장을 이끈다(Quill, 1995). 즉 상호 작용-의사소통적 능력은 아동이 성장하는 데 매우 중요한 역할을 한다는 것이다. 그러나 자폐성 장애 아동들은 상호 작용 및 의사소통 능력의 심각한 결함을 보인다(김은경, 2002, 재인용). 자폐아동은 인지적 요구수준이 낮은 상황에서의 훈련을 통해 구조화된 특정 과제에 친숙해진 경우에 사회적 요구를 보다 잘 처리하게 된다. 또한 자폐아동이 또래와 사회적 관계를 형성하기보다 어른들과 비교적 관계를 잘 형성하는데 그것은 또래에 비해 어른들이 사회적 상황을 적절하게 구조화하여 자폐아동과 상호 작용하기 때문에 아동 자신이 처리해야 하는 인지적 또는 사회적 요구가 감소되기 때문이다.

자폐아에게서 나타나는 증후를 살펴보면, 신체적으로는 건강하게 보이나 다른 면에서는 정상아동과 극적으로 다름을 알 수 있다. 첫째, 대인관계 형성의 장애다. 정상발달에 있어서는 생후 6주가 되면 돌보아주는 사람과 눈을 맞추거나 미소, 옹알이가 출현되지만 자폐아의 경우 타인을 의식하는 행위가 나타나지 않고 무관심하며 타인 접촉과 눈 맞추기를 회피한다. 지능이 높은 자폐아는 2세까지는 사회적 이상성이 명백하지 않고 특별한 사회적 관계가 요구되지 않기 때문에 자폐아적 경향성을 인식하지 못할 수도 있다는 것이다. 성장해 감에 따라서 협동놀이에 문제가 생기고 친구관계를 유지하지 못하며 타인의 감정과 반응을 공감하지 못하면서 사회적 관계 유지에 곤란을 나타낸다(추정선, 1999, 재인용). 둘째, 심한 언어장애를 보인다. Hynd와 Hooper(1992)의 연구에 따르면, 연구대상 아동의 70%가 언어조절 중추에 이상이 없음에도 불구하고 20~50%의 자폐성향을 가진 집단은 함묵(mutism) 증세를 보였다고 하겠다. 또한 자폐아의 목소리는 단조로우며, 그들은 비언어적 의사소통(표정, 몸짓, 자세)을 시도하지 않거나 부적절하게 표현한다(이화여자대학교 언어청각임상센터, 1992; Webster, 1974). 반면 타인의 말을 즉흥적으로 따라 하거나 어떤 소리는 들은 후 다른 상황에서 전에 들은 소리를 반복하여 흉내 내는 반향언어(ecolaria)를 가지며, 독백(monologue)이 많다. 셋째, 동일성에 대한 집착이다. 반복적이며 강박적인 상동적(stereo typed) 놀이나 행동을 보인다. 이는 인형은 늘 정해진 그 자리에 놓여야 하고, 차들은 항상 같은 길로 다녀야 한다는 것이다. 자폐아는 기억력은 좋은 반면 상상력이 거의 없고, 신체적인 발달이나 외모는 정상이다.

Kanner(1943) 이후 많은 치료자들이 자폐증의 원인을 각기 다른 입장에서 연구하였으나 아직 정확한 연구결과가 나오지 않은 상태이다. 이러한 결과로 인해 자폐아의 비정상적인 사회적 행동, 비정상적인 의사소통 행동 그리고 반복적이고 창의적이지 못한 활동을 보이는 원인에 대하여 뚜렷한 근거를 제시하지 못하기 때문에 치료방법에 대한 이론적 배경도 다양하게 제시되고 있다. 자폐아들을 위한 치료전략으로는 부모에 의한 치료, 심리치료, 행동수정, 언어치료, 약물치료 등을 들 수 있다. 우리나라 교사들이 사용하는 교육방법은 부모에 의한 교육(32.5%), 언어치료(14.3%), 개인교수(12.8%), 그 밖의 심리치료, 행동요법, 놀이치료 등이다(김혜온, 허원, 1995). 본 연구에서는 자폐아동이 여러 사회적 상황에 적절한 반응을 할 수 있는 사회 적응 능력과 흥미와 바람을 적절하게 의사소통 할 수 있는 언어능력과 눈 맞춤, 미소 등 비언어적 능력을 기를 수 있도록 도와주며, 자기통제 능력과 정서 및 행동문제 개선을 중심으로 구성된 통합적 치료프로그램인 모래놀이치료 프로그램을 실시한 사례를 보고하려고 한다.

자폐성향 아동에 대한 놀이치료 사례로는 공포·불안 반응을 보이는 자폐성향 아동의 놀이치료(김영순, 1999), 자폐성향 유아의 상징놀이 향상 단기프로그램 적용 사례(장미연, 진혜경, 이경숙, 2005)는 있었으나 모래놀이치료 사례는 찾아보기 어려웠다. 장애아동을 대상으로 모래놀이치료를 한 선행연구를 살펴보면 홍주연(1994)은 초등학교 2학년 남아를 대상으로 모래놀이치료가 주의력 결핍 과잉행동아의 행동변화에 미치는 효과에 대해서 연구를 실시한 결과, 주의산만, 충동성, 과잉행동에서 변화를 보였다. 그리고 학교생활에도 흥미를 갖고 자신의 행동을 스스로 통제하려고 노력하는 모습을 보였다고 보고하고 있다. 채영순(2000)은 유치원에 재원하는 유아들 중에서 반항성 장애아, 분리불안 장애아, 선택적 함묵증 아동을 대상으로 모래놀이를 실시한 결과, 장애를 개선할 수 있었다고 보고하였다. 김신옥(2006)은 주의력 결핍 과잉행동 장애를 지닌 4세 남아를 대상으로 40회의 모래상자를 분석한 결과에서 혼돈의 단계, 투쟁 단계를 거쳐서 자신에 대한 의식이 성장하는 단계로 변화되어 가는 모습을 볼 수 있었다고 보고하였다. 그러나 자폐성 아동을 대상으로 사회적 상호 작용 및 의사소통을 모래놀이치료적인 접근을 한 사례는 찾아보기가 어려웠다.

이에 본 연구에서는 자폐증을 가진 11세 초등학교 5학년 여아를 대상으로 다른 사람과 상호 작용 및 의사소통을 하는 데 어려움이 있는 억압된 감정을 무의식의 의식화를 모래상자에서 다양한 체험을 할 수 있도록 하였다. 이 과정을 통하여 가장곤란을 겪는 사회적 상호 작용 및 의사소통에 모래놀이가 자폐성향을 보이는 아동에게 어떤 의미가 있으며, 반응은 어떻게 나타나고, 실제 변화가 가능한지를 사례를 통하여 알아보고자 한다.

2 사례개요

1) 연구대상과 가족사항

본 연구의 대상아동은 11세의 초등학교 5학년 여아이다. 또래보다 키와 체격이 커서 힘이 세고 고집이 있어 보이는 자폐성향을 가진 아동이다. 연구대상의 아버지 (42세)는 자영업을 하고 어머니(39세)는 전업주부, 여동생(9세)은 초등학교 3학년이다. 아동의 부모는 연애(3년여)결혼을 하여 원하던 첫딸을 얻어 무척 기뻐하였다. 부부는 아동을 정상으로 자연 분만하였고, 태어나서 영아기를 울지도 보채지도 않고 누워서 잘 커 줬기 때문에 순한 아이로만 생각하였다. 자수성가한 아버지는 성실하고 가족을 무척 아끼는 평범한 가장으로 경제적으로 넉넉하지는 않지만 크게 걱정할 것이 없는 전형적인 일반 서민 가정을 꾸려 가고 있다. 부부가 안정적 생활 속에 내담자의 여자동생이 태어나서 부부의 기쁨은 더하였다. 둘째 아이는 큰아이에게서 보지 못했던 옹알이, 눈 맞춤, 방글방글 웃으며 반응을 보이는 행동들을 보이며 부부의 사랑을 독차지하였다. 부부는 큰아이에 대해서 이상하다는 생각을 가지고 관찰을 하면서도 전혀 자폐성향에 대한 의심을 하지 않았다. 4세이던 어느 날 언니(이모)집에서 조카(언니의 딸, 내담 아동과 같은 연령)와 내담 아동을 데리고 놀던 중 눈도 안 맞추고, 언어적 반응도 없고 잘 웃지도 않는 것을 이상히 여긴 언니로부터 병원에 갈 것을 권유받았다. 그동안 걱정하고 있었던 터라 전문 병원을 찾아 진찰을 받게 되었다. 진찰 결과 자폐를 가진 아이라는 판명을 받았다. 부부관계는 원만하며 첫아이를 애정으로 돌보았다고 생각하였는데 정말 놀라운 결과에 실망과 걱정이 앞섰다. 임신 2~3개월쯤(정확한 사고일 기억 못 함)에 남편의 교통사고로 어머니가 크게 놀란 적이 있었던 것 외에는 문제될 만한 일이 없었다. 이러한 이상증세의 경우는 양가가족 중에나 먼 친척 중에도 전혀 없다고 한다. 2살 아래 여동생은 학교생활 등 모든 일상활동이 정상이다.

2) 문제행동

비정상적인 사회적 행동, 비정상적인 의사소통 행동, 그리고 반복적이고 비창의적인 다양한 활동을 보이는 자폐증을 조금이라도 호전되기를 바라는 부모는 간절한 소망을 갖고 여러 가지 다양한 치료방법을 사용하였다. 그렇지만 아동은 특수학교에서 돌아온 후 대부분을 혼자서 보내거나 특정한 사물에 강한 집착을 보이는 등 사회적인 상호 작용상의 문제를 보이고 있다. 특히 아동기에서 청소년기로 접어들게 되면 필연적으로 사회화의 대상과 환경이 바뀌게 된다. 이러한 현실적인 문제와 사회 참여를 위해서는 사회적 상호 작용 및 의사소통을 포함해서 어느 정도의 사회적 기술을 습득할 필요가 있음을 인식하여 본 연구소를 찾게 되었다. 특별한 치유를 바라기보다는 모래, 소품 등 매체를 가지고 놀면서 정서적 안정과 낯선 환경에 적응, 사회적 상호 작용 및 의사소통에 조금이라도 호전되기를 바라고 있었다.

3) 심리검사 결과

내담자를 이해하고 모래놀이치료의 보조수단으로 사용하기 위해서 HTP와 가족의 체계나 내담자의 가족지각을 파악하기 위해서 KFD를 사전과 사후 검사를 실시하였다. 그 결과 HTP는 사전과 사후의 그림이 거의 같은 형태로 그림을 읽고 분석하기에는 너무 단순한 표현을 하였다. KFD는 사전 검사에서는 그려 내지 못하였으나 사후 검사에서는 가족들을 한 줄로 나열하여 같은 모습으로 그렸다. 내담자는 이미 자폐증 장애가 있음을 진단받아 자폐성향에 대해 정확하게 알고 있으므로 아동의 다양한 부적응 문제와 정신병리를 종합적으로 알아보기 위해서 자폐증 척도는 제외시킨 대신 사회관계척도를 보완·수정시킨 한국아동 KPRC(인성평정척도)를 어머니를 통하여 사전과 사후 검사를 실시하였다. 그 결과 사전과 사후 검사에서 차이를 보이지 않았으며 결과를 분석해 보면, 창의적인 사고와 같은 긍정적인 면도 있지만 정서적 불안정, 사회적 기술의 부족, 사회적 고립, 행동과 감정 표현 등에서 특이한 면이 있는 것으로 나왔다. 또한 일상생활에 대한 관심과 의욕, 적응

기능이 매우 부족한 것으로 나왔다. 상황 규정적인 면에서 상당히 확실성이 높은 정보를 주는 SCT를 실시하였다. SCT의 사전결과에서 나는 친구가 '됩니다.' 나에게 가장 좋았던 일은 '생각', 내가 가장 좋아하는 사람 – 본인의 이름을 썼고, 내가 만일 먼 외딴곳에 혼자 살게 된다면 '소나무'와 같이 살고 싶다고 대답했다. 나머지 문장은 거의 연결하지 못하여 몇 개 정도는 어머니가 연결하였다. 사후 검사에서 사회적 상호 작용 및 의사소통을 나타내는 문장에서 나는 친구가 '○○와 싸웠다.' 나에게 가장 좋았던 일은 '소풍을 갔습니다.' 대부분의 아이들은 '공부를 했습니다.' 내가 가장 좋아하는 놀이는 '미끄럼 타기', 가장 좋은 비밀은 '웃음소리', 가장 나쁜 비밀은 '울음소리', 나는 커서 '엄마', 왜냐하면 '사랑해요', 첫째 소원은 '램프를 가지고 싶다', 둘째 소원은 '인형을 가지고 싶다', 내가 가장 좋아하는 사람 – 본인의 이름을 썼던 사전 검사와 동일하였고, 내가 만일 먼 외딴곳에 혼자 살게 된다면 '할머니'와 같이 살고 싶다고 대답하였다. 사전 검사와는 다르게 거의 모든 문항을 연결하였다.

4) 사례에 대한 견해

본 사례에서 치료자는 모래놀이는 의식과 무의식의 연결과 상호 작용을 통하여 인간 스스로의 전체성을 이루려고 한다는 점과 내담자의 여정에 에너지를 제공하여 자기 치유적 관계형성을 도울 수 있겠다는 신념을 가지고 아동과 함께 모래놀이를 시작하였다. 초기 면접에서 자폐성향을 가진 아동의 특수한 여건은 모래놀이 치료에서 감당하기에는 다소 무리하다고 생각하였다. 그러나 부모는 치료자에게 이 방법도 한번 꼭 시도해 보고 싶다는 간곡한 부탁과 강한 의지를 보였다. 아동의 사회적 상호 작용에 최소한의 필요를 생각해서 아동을 무언의 의사소통 매체인 모래와 모래상자 소품들을 이용하여 자신의 내면을 드러내고 모래를 만지면서 자연과의 통로를 자유롭게 오갈 수 있다는 점, 표현적이고 투영적인 심리치료를 통해 중재하는 맥락에서 또래 아동들과의 사회적 상호 작용 및 의사소통을 향상시킬 수 있도록 돕는다는 것에 초점을 맞추어 모래놀이를 실시하였다.

대상 아동의 모래상자는 같은 패턴으로 중복되는 장면을 많이 보여주고 있다.

제1회기 할머니 집

- 처음 놓은 소품: 집
- 놀이과정 및 행동관찰

　집을 상자 밖에 놓고 돌이 든 그릇을 가지고 와서 돌을 상자 안에 깔아 놓고 빈 상자에 집을 넣고, 흰색 철제가구와 나무로 된 가구 등을 가지고 와서 모두 상자 밖에 놓고 안에 넣었다 꺼냈다 한다. 돌을 두 주먹 가득 가지고 와서 모래에 놓고, 침대, 피아노를 상자에 놓는다. 계속 혼잣말을 하면서 조심스럽게 장난감을 가지고 온다. 작은 모형들을 상자 밖에 진열을 해서 상자 안에만 놓아야 한다고 설명을 하였지만 듣지 않는다. 한 손은 엄마 옷을 잡고 놀이를 하면서 CM송을 반복하여 흥얼거리다 어머니의 제지로 끝낸다.

자폐증 아동이라고 해서 걱정을 많이 했다. 생각보다 경증이어서 모래놀이가 가능할 것 같다. 이론상으로 내담자가 소품을 상자 밖에 놓거나 통제가 안 될 경우 활동을 중지시켜야 한다고 하지만 내담자의 행동이 난폭하거나 산만하지 않아 중지시킬 필요가 없다고 판단되어 계속하도록 하였다.

내담자는 주제를 '집'이라고 어머니에게 말하면서 집을 상자 밖에 놓았다. 상자 안의 공간 구성은 집의 보조적인 가구들이 정리되지 않은 상태였고, 내담자는 돌들을 모래에 깔고 소품들을 놓으면서 미소 짓는 모습이 놀이를 즐기는 듯 보였다. 그러나 소품을 상자 밖에 놓은 것은 내면의 두려움과 불안이 있는 것을 나타내는 것이므로 치료자는 미소로 화답함으로써 첫 회기에서 내담자와 라포가 형성될 수 있도록 노력하였다.

제2회기 방앗간

♣ 처음 놓은 소품: 펌프
♣ 놀이과정 및 행동관찰

내담자는 자신의 동생과 같이 놀이를 하였다. 동생은 오늘 놀이치료실에 들어서

면서 흥분을 감추지 못한다. 둘의 의견이 맞지 않아 내담자가 혼란해하고, 동생은 언니의 의사를 존중하려는 모습을 보이지만 하고 싶은 것이 많아 약간의 충돌을 보였다. 한 사람이 놓으면 한 사람이 치우고 반복하는 동안 관찰 중이던 어머니가 둘이 함께하는 것은 내담자에게 전혀 도움이 안 되겠다고 다음부터는 동생을 데려오지 않겠다고 하면서 어머니는 침착하게 둘 사이를 효과적으로 중재한다.

⁑ 내담자 표현 및 치료자 의견

내담자, 동생, 어머니 모두 오늘의 상황을 충분하게 파악한 것 같아 다음부터는 무리한 요구는 없으리라 사료되었다. 경험을 통해 스스로들 느끼지 못했다면 계속 궁금해했을 것이다. 그러나 모래놀이치료과정은 일반 소꿉놀이와 다름을 체험하였기 때문에 내담자의 치료에 방해가 된다는 것을 알게 되는 계기를 마련해 주었던 것 같다.

제3회기 사계절

⁑ 처음 놓은 소품: 풍차집
⁑ 놀이과정 및 행동관찰

풍차집을 상자 밖에 놓고, 지난 회기와 마찬가지로 소품들을 먼저 상자 밖에 여러 집 종류들, 이글루, 눈사람, 목재펌프, 물지게 등을 갖다 놓는다. 집들을 모래상자에 놓지 않는다. 상자 주위를 꽃으로 둘러놓고 매우 흡족한 표정으로 콧노래를 부른다. 모래를 파서 가운데 물을 만들고 배, 보트를 놓고 모래 위에 등대, 파라솔이 있는 야자나무 의자, 야자나무 울타리를 파라솔 뒤로 치고, 불가사리, 게를 놓더니 작은 야자나무를 놓고 자리에 앉는다.

❖ 내담자 표현 및 치료자 의견

모래를 입으로 가져간다든가, 소품을 이로 꽉 물어 보기도 하고, 볼에다 대어 보기도 한다. 치료자의 말은 들은 척도 않고 엄마의 제지만을 좇는다. 귀여운 얼굴을 하고 혼자서 의미 없는 말을 하거나 '아이스크림은 해태'라는 CM song을 부른다. 엄마가 내담자의 이름을 부르면서 못 하도록 제지시킨다. 어머니와의 교감을 치료자에게로 옮겨 올 수 있도록 노력이 더 필요한 것 같다.

내담자는 정리하는 과정에서 처음 회기부터 소품들을 망설이지 않고 제자리에 가져다 놓는다. 대부분의 내담자들은 상담 초기에 소품들의 위치를 찾지 못하는 데 비하여 놀라울 정도로 정확하였다. 치료자가 "정리를 참 잘하고 있구나!"라고 하였지만 반응이 없었다.

⋮ 처음 놓은 소품: 이글루

⋮ 놀이과정 및 행동관찰

이글루 두 개와 얼음조각, 그 밖에 많은 소품들을 가져다 놓았다. 지난번과 거의
같은 것들을 가지고 왔지만 이번에는 1월, 2월 하면서 그달에 맞는 소품들을 가져
다가 놓았다. 과일나무와 집들을 종류별로 많이 놓고, 상자 밖에서 결혼장면을 연
출했다.

⋮ 내담자 표현 및 치료자 의견

계절별, 월별 특징을 살려 놀이를 한다. 시리즈로 할 모양이다. 내담자는 신바람
이 난다. 노래를 부른다. 즐기면서 놀이를 하는 모습이 엄마, 치료자를 기쁘게 하고
있다는 것을 아는 것 같다. 치료자와는 눈 맞춤을 하지 않는다. 치료자가 스킨십을
통한 상호 작용을 하기 위해서 손을 잡으려 시도하였으나 내담자는 표정 없는 얼
굴로 손을 얼른 뒤로 감추었다.

❖ 처음 놓은 소품: 눈사람 · 꽃 · 초가집
❖ 놀이과정 및 행동관찰

제5회기 제6회기 제7회기

눈사람, 이글루를 상자 밖에 놓고, 양옥, 한옥을 상자 중앙 위에 놓았다. 거울, 썰매 타는 인형을 이글루 앞에 놓고, 초가집, 풍구, 지게, 원두막 등은 상자 안에 놓았다. 결혼하는 인형 네 개와 전통혼례, 꽃들은 상자 주위에 늘어놓는다. 손가락 사이로 모래를 흘려보내고 꽃을 옮겨 본다.

❖ 내담자 표현 및 치료자 의견

콧노래를 부르며 즐거워하면서 놀이하는 모습이 천진스럽고 순수하다. 사계절을 연속적으로 비슷한 상황으로 연출한다. 질서 없이 손에 가득 들고 와서 늘어놓았다. 상자 밖에 놓는 것을 한 번 얘기해 보았으나 듣지 않는다. 익숙해질 때까지 기다릴 필요가 있겠다는 생각이 든다. 대화는 전혀 이루어지지 않고 있다. 엄마가 "인사해야지" 하면 '인사해야지'라고 따라서 한다. '안녕하세요.' 하면 다른 곳으로 시선을 돌리면서 힐끗 쳐다보고 눈을 껌벅거린다.

내담자는 6회기에서 처음으로 사람을 등장시켰다. 전통혼례를 하는 소품과 신랑 신부 결혼하는 소품을 동시에 놓으면서 전통과 새것, 한옥과 양옥 등 대극적인 소품들을 사용하였고, 이글루와 꽃 등을 연출하였다. 제5회기, 제6회기, 제7회기에서의 모래상자 구성은 혼돈의 세계라고 볼 수 있겠다.

제8 · 9회기 해변 · 항구

▪ 처음 놓은 소품: 등대 · 배
▪ 놀이과정 및 행동관찰

| 제8회기 | 제9회기 |

왼쪽 아래를 파서 바다를 만들고 흰 등대를 중앙에, 작은 등대는 큰 등대 오른쪽에, 돛단배, 물고기를 물에 놓고 다리를 놓았다. 야자나무에 파라솔이 있는 소품을 등대 왼쪽에 놓고, 그 외에 집, 눈사람, 가구 등을 상자 밖에 잔뜩 놓았다. 제9차에서 내담자가 좋아하는 등대 두 개를 모래 위에 놓고, 위의 배경은 제8차와 거의 같은 구성으로 모래에 게, 거북, 상어, 가오리를 놓은 것이 조금 달랐다.

▪ 내담자 표현 및 치료자 의견

무엇이든지 많고 그득한 것을 좋아하는 것 같다. 소품을 상자 밖과 모래에 채우려는 욕심을 낸다. 주변이 꽉 차야지 가지고 오는 것을 중지한다. 엄마에게 사진을 찍으라고 하면 끝마쳤다는 것을 알 수 있다. 내담자는 좋아하는 것만을 선택하는 것 같다. 바다를 좋아하고, 등대를 좋아하고, 야자나무를 좋아한다. 9회기를 마치고 집에 갈 때 치료자를 살짝 쳐다보고 간다.

치료자와 내담자와의 첫 교감이 이루어진 회기다. 그러나 눈 맞춤이 아닌 웃고 있는 치료자의 얼굴을 쳐다본 정도이지만 관계가 진전되었다는 신호로 보아도 될 것 같았다.

제10 · 11 · 12회기 집

‡ 처음 놓은 소품: 초가집, 흰 돌, 초가십
‡ 놀이과정 및 행동관찰

| 제10회기 | 제11회기 | 제12회기 |

초가집을 위 중앙에 놓았다. 기와집, 작은 초가를 큰 집 옆으로 나란히 놓는다. 옛날 물건들 펌프, 풍구, 지게 등을 집 앞에 놓더니 '할머니 집'이라며 간단히 마친다.

‡ 내담자 표현 및 치료자 의견

제10차에서 눈 맞춤이 일어났다. 손을 잡았더니 슬머시 뺀다. 어머니가 매우 기뻐한다. 상담요일을 수요일에서 금요일로 바꾸려고 하였더니 몇 달치의 수요일의 날짜를 외우고 있기 때문에 수요일을 바꿀 수 없다고 말한다. 자폐아들의 기억력과 집중력을 놀라울 정도로 확실하게 보여주고 있다.

　제11차에서는 엄마 손을 잡고 들어서서는 바로 책상에 있는 자료들을 뒤진다. 전에 했던 그림을 모아 둔 파일 중 좋았던 장면을 펴 놓고 흉내 내려고 한다. 치료자와 라포가 형성되어 자기 마음대로 서류를 뒤지고, 자기 그림(작품들을 모아 꽂아 놓은 작품집)을 찾아 그대로 흉내 내려고 한다. 어머니의 만류로 제자리에 앉았다. 처음에는 제지를 했지만 그렇게 해 보는 것도 나쁘지는 않을 것 같아 하도록 두었다.

　제12차에서는 대전으로 이사를 갔기 때문에 상담하는 날이 수요일에서 금요일로 바뀌었다. 같은 날을 고집하지 않고 온 것이 신기했다. 이번 회기에서는 전 회기에 했던 모래놀이 장면을 촬영하여 모아둔 자료파일을 보면서 하였기 때문에 거의 같은 표현이 되었다. 집을 갖다 놓는 것으로부터 시작하는 패턴은 여전했다. 즐거운 표정을 지으며 놀이하는 모습을 보면서 한 번에 치료될 수 있는 방법이 없을까 안타까운 생각이 들었다. 웃으면서 쳐다보고 눈을 맞춘다. 눈 맞춤은 매우 발전된 상황이다. 치료자가 내담자의 행동을 제지하려고 시도하였으나 강한 거부로 지켜보아 주었던 것에 대한 반응으로 생각된다.

제13회기 봄

▪ 처음 놓은 소품: 꽃
▪ 놀이과정 및 행동관찰

꽃을 다섯 그루 들고 와서 위에 한 줄로 놓고, 꽃들을 들고 와서 줄을 맞춘다. 나비 아홉 마리를 모두 꽃들 위에 얹어 놓고, 튤립을 오른쪽 아래에서 왼쪽으로 길게 놓는다. 개구리 한 쌍을 튤립 앞에 놓고는 CM song을 부르면서 계속 꽃들을 가져다 놓고 좋아한다.

❖ 내담자 표현 및 치료자 의견

분홍색 상의가 흰 얼굴에 곱게 물든다. '봄, 봄' 하면서 콧노래를 부른다. 순수하고, 사랑스럽고 모습이 예쁘다. 꽃을 좋아하고, 나비를 좋아하고, 그 나비를 꽃 위에 사뿐히 앉히고 '아이스크림은 해태'라는 CM song을 부른다.

이번 회기에서는 정서적으로 안정된 모습을 보인다. 상자 밖에 놓았던 소품들이 상자 안으로 모두 들어왔다. 꽃을 풍성하게 놓고, 만지면서 자연과의 동화됨을 보여주는 표현으로 전체적으로 통합이나 공간구성은 부족하지만 내담자가 즐기면서 놀이를 한 의미 있는 상자이다.

제14회기 여름

❖ 처음 놓은 소품: 돛단배
❖ 놀이과정 및 행동관찰

돛단배 두 개를 상자 밖에 놓고 상자의 모래를 중심에서 아래로 쌓아 놓고 배를 물에 띄운다. 등대 두 개(항상 놓던 등대)를 모래 위에, 자갈을 등대 오른쪽으로 깔고, 그 앞에 작은 원두막을 바다 쪽으로 놓고, 야자나무를 등대 앞에 놓고, 물고기 네 마리를 물에서 놀게 하고 자리에 앉는다.

❖ 내담자 표현 및 치료자 의견

사계절을 상자 속에 모두 넣어 표현하더니 지난 회기에는 봄만을 놓았다. 다시 사계절을 연출할 예정인 것 같다. 이번 회기에는 여름을 놓았다. 바다가 시원하고 여유를 보이는 그림이다. 돛단배를 물에 띄워 한가로움을 나타낸 것이 내담자의 마음이기를 바란다.

내담자는 바다와 모래의 분할이 균형을 이루었으며, 그 위에 소품들을 안정적으로 구성하여 시각적 조화로움을 보인다. 그러나 물고기를 옆으로 눕혔다는 부분에서 방향감각을 잃고 목표의식이 없다고 보인다.

제15회기 가을

❖ 처음 놓은 소품: 은행나무
❖ 놀이과정 및 행동관찰

※ 왼쪽 방향에서 촬영

은행나무는 왼쪽 아래에 두 그루, 사과나무는 은행나무 뒤로 놓는다. 기와집, 초가집을 사과나무 위쪽으로 놓고, 초가집, 슬레이트집을 위에, 작은 단풍나무는 왼쪽 은행나무 밑에 놓았다. 소나무, 작은 과일나무 등을 놓고, 버섯나무를 찾아 달라고 하여 치료자가 찾아주었다. 고추, 감을 갖다 놓는다. 정말 '가을이구나!' 하고 느낄 수 있도록 가을을 잘 표현하였다.

⁝ 내담자 표현 및 치료자 의견

날씨가 더운데 연구실에 들어서자마자 은행나무를 달라고 한다. 지난번에 여름을 놓고 가더니 집에서부터 구상을 한 모양이다. 어머니가 처음으로 내담자를 혼자 두고 볼일을 보러 갔다. 치료자와 팔을 끼거나 손을 잡고 높은 곳의 것은 소리치면서 빨리 가지고 오란다. 특히 과일과 야채 모조품에 대해선 거부반응을 보이기 때문에 모두 치워 놓고 시작을 하는데 오늘은 어머니가 두고 가는 바람에 치우는 것을 깜박 잊고 있었다. 놀라운 일이 일어났다. 내담자가 고추, 감 등을 직접 손으로 들고 와서 모래상자에 놓았다. 연구실에 처음 왔을 때 이런 것들을 보고 마구 소리 지르고 엄마를 짓눌러서 일어나지도 못하게 했던 공포의 소품들이었다. 한 번도 만지지 않았던 것들을 상자에 놓는 대혁명을 일으킨 것이다. 이 사건에 대해 어머니와 치료자는 이런 경우를 어떻게 해석해야 할지 그저 놀라울 뿐 설명을 하지 못하였다.

이번 회기는 치료자와 내담자 간의 상호 작용이 이루어지고 신뢰가 쌓였다는 것을 보여준 모래상자라고 할 수 있겠다. 이는 내담자를 지켜보면서 비언어적 의사소통으로 내담자를 지지해 준 결과라고 생각된다.

❖ 처음 놓은 소품: 이글루
❖ 놀이과정 및 행동관찰

　모래를 아래로 끌어 내리고 크고 작은 이글루 두 개를 위에 놓았다. 큰 얼음 조각을 큰 이글루 입구에, 작은 얼음조각을 작은 이글루 입구를 막았다. 눈사람을 작은 이글루 옆에 놓고 마쳤다.

❖ 내담자 표현 및 치료자 의견

　지난 회기에 가을을 놓고 오늘은 겨울을 놓았다. 사계절의 특징을 정확히 구별하고, 연계성을 살려서 구성한다. 사회질서를 알고 변화하는 과정이 인지되어 있다는 표식으로 받아들일 수 있겠다.

❖ 처음 놓은 소품: 의자

❖ 놀이과정 및 행동관찰

연구실에 들어서자마자 갑자기 무섭다고 하면서 면담을 위한 방으로 들어가서 문을 닫고 나오지를 않는다. 내담자는 엄마와 노력해 보았지만 소용이 없었다. 집에서부터 '소풍놀이'를 하겠다고 하였다기에 따라온 동생이 소풍놀이를 언니에게 물어서 원하는 장난감을 모래상자에 놓도록 하였다. 무엇에 자극을 받으면 본인이 할 것으로 생각하였지만 끝까지 하지 않는 고집이 있다고 한다. 동생이 신바람이 나서 묻고 대답을 들었으며 자기 성향의 소품들을 놓아 마무리하였지만 내담자는 작품도 보지 않고 방에 있었다.

❖ 내담자 표현 및 치료자 의견

내담자가 무엇 때문에 갑작스럽게 무섭다고 했는지 알 수가 없었다. 아마도 약간의 새로운 소품을 구입한 것들을 보고 익숙하지 않아 그러한 반응을 보이는 것 같아 치료자와 내담자의 어머니는 아동을 설득하여 보았다. 그러나 내담자는 같이 온

64

동생에게 소품을 말하여서 동생이 소품을 가져다가 상자에 놓았다. 다음 주에는 학교에서 캠프를 가서 못 온다고 인사를 하고 간다.

치료자가 소품들을 원래대로 정리하겠다고 내담자에게 약속하고 어깨를 안아 주었다. 이에 대해 내담자는 반응은 보이지 않았지만 치료자의 감정을 읽었을 것으로 생각한다.

제18회기 1월

: 처음 놓은 소품: 이글루
: 놀이과정 및 행동관찰

캠프를 마치고 왔다고 연구실에 엄마, 동생과 같이 들어선다. 캠프 중 금요일에 모래놀이를 하러 가는 날이라 가야 한다고 고집을 부려서 선생님이 진정시켰다는데 오늘도 방에서 나오지 않는다. 델타샌드 상자와 도구를 방으로 가져다주어 마음을 달래 보았으나 되지 않았다. 동생에게 이글루를 가지고 오라고 하여 모래상자를 방으로 옮겼으나 방에 아무도 못 들어오게 하여 동생이 1월에 관계된 소품 여러 가지를 가지고 방문 앞에 놓아두었다. 문을 열고 얼음조각 두 개, 눈사람만 가지고 들어가서는 문을 닫은 채 한참을 있다가 '사진 찍어'라고 하여 모래상자의 장면을 사진 찍고 마쳤다.

❖ 내담자 표현 및 치료자 의견

소품 등의 변화에 대한 아동의 저항을 예견하지 못하여 본 사례를 종결하게 되었다. 이 사례는 자폐성향 아동에 대한 배려를 충분히 하지 못한 것에 대한 아쉬움이 있었다.

❖ 어머니 상담

오늘 학교에 가면서 '모래놀이 가는 날'이라면서 즐거운 표정으로 학교버스를 탔다고 한다. 오늘도 방에서만 활동을 하여, 어머니와 대화를 통해 이유를 찾아보았지만 답을 얻질 못했다. 어떻게 하면 도움이 될 수 있을지를 어머니와 상의한 결과 당분간은 쉬고, 본 학회 소속으로 대전에 있는 연구소를 소개해 주는 것에 동의하고 치료자의 의견을 받아들였다.

④ 논의 및 결론

본 연구는 자폐성향을 가진 11세 초등학교 5학년 여아를 대상으로 다른 사람과 상호 작용 및 의사소통을 하는 데 어려움이 있는 억압된 감정을 무의식의 의식화를 모래상자에서 다양한 체험을 할 수 있도록 하였다. 이 과정을 통하여 어떤 반응을 보이며, 변화가 가능한지를 실제 사례를 통해 제시하여 자폐성향을 보이는 아동에게 모래놀이가 어떤 의미가 있으며, 사회적 상호 작용 및 의사소통에 영향을 미칠 수 있는 치료적 효과가 있는지를 알아보고자 하였다. 연구대상 아동은 18회기의 모래놀이를 통해 자신의 세계를 표현하였다. 모래놀이를 하는 과정에서 내담자가 표현한 내용을 주제, 유사한 공간배치 등의 패턴으로 나누어 볼 수 있다.

첫째, 집을 총 4회(1, 10, 11, 12)에 걸쳐 놓았다. 1회기에서 아동은 치료자를 관찰하면서 어렵게 시작하였다. 소품들을 상자 밖에도 놓음으로써 불안을 나타내기도 했다. 공간 배치는 질서가 없고 혼란스러우며 통합적 구성이 나타나지 않았으나 회기를 진행하면서 굳은 표정이 조금씩 풀리는 듯하였다. 매번 모래상자에 집을 놓으면서 '할머니의 집'이라고 하며 만족해했다. SCT 사후 결과에서, 내가 만일 먼 외딴곳에 혼자 살게 된다면 할머니와 같이 살고 싶다고 대답한 것을 지지하는 결과라고 할 수 있겠다. 그때마다 많은 소품들을 상자 밖에 혼란스럽게 펼쳐 놓아 제지를 시키려 하였지만 익숙한 환경을 즐기고 작업에 몰입하는 것은 좋은 경험일 수 있기 때문에 놀이를 계속하도록 두었다.

둘째, 바다에 대한 모래상자를 4회(3, 8, 9, 14)에 걸쳐 놓았다. 항상 하얀 파라솔이 달린 야자나무가 있는 의자와 등대, 배 등을 거의 같은 자리에 놓는다. 가족들이 여름에 휴가를 다녀왔던 바다를 즐기고 있다. 이는 동일성에 대한 집착으로 같은 소품들을 늘 정해진 그 자리에 놓아야 한다는 자폐성향 아동의 특징이 나타남을 보여주고 있다. 바다에 대한 장면들은 모래상자 구성에서 균형과 조화로움으로 통합성을 보이기도 하였다.

셋째, 계절에 대한 그림을 9회(4, 5, 6, 7, 13, 14, 15 16, 17)에 걸쳐 표현하였고, 초기(5, 6, 7)에는 전통과 새것, 한옥과 양옥 등 대극적인 소품들을 사용하였고, 이글루와 꽃 등 혼돈의 세계를 연출하였다. 또한 6회기에 처음 사람이 등장하였으나 1회에 그쳤다. 13회기에서부터 상자 밖에 있던 소품들이 상자 안으로 들어왔다. 이는 내담자와 치료자 간의 라포가 형성됨을 나타냄과 동시에 모래놀이를 안정적으로 즐기고 있는 것으로 볼 수 있겠다. 눈사람을 1회(18회기) 놓았으나 16회기 겨울과 거의 같은 표현을 하여 반복하여 놓았음을 볼 수 있다. 또한 새로운 소품들을 진열하는 과정에서 위치의 변화, 낯선 소품 등으로 인하여 17회기, 18회기에서 보여준 놀이를 거부한 행동은 변화에 대한 저항행동으로 분석된다. 이는 많은 자폐아들에게서 나타나는 특성으로 동일 환경과 장난감 혹은 사람들에 대한 병적인 집착 행동을 보인 것으로 볼 수 있다. 이러한 행동은 자폐아동이 장소와 사물에 대한 변화에 대해서 심한 흥분과 분노발작을 일으키며 새로운 것을 배우려 하지 않는다는 이론과 맥을 같이하고 있다(김종헌 외 4인, 2006). 또한 치료자와의 관계 형성에도 문제가 발생하였다는 신호로 볼 수 있다. 자기 주위의 환경에 어떠한 변화라도 생기면 이를 참지 못하고 적응을 못한다(장선철, 2006)는 견해에 비추어 볼 때 이러한 현상은 변화에 대한 저항을 극복하지 못하였기 때문인 것으로 보인다.

내담자와의 눈 맞춤은 4회기 이후부터 힐끗힐끗 쳐다보는 것으로부터 시작하여

7회기에는 잠깐 눈을 맞추고, 10회기에서는 정면으로 눈을 맞추었고, 지료사가 이름을 부르면 그 반응으로 눈을 맞추는 횟수가 많아지면서 아동과 치료자와의 상호 작용이 정적으로 강화되어 가는 변화를 보여주고 있다. 이는 음악치료를 통한 자폐아의 행동수정에 관한 연구에서 '이름을 부르면 반응으로 눈을 맞추게 되고 악기 연주나 노래기 등의 활동 중 정적 강화를 기대하는 뜻으로 치료자와 눈을 맞추는 행동 등은 바람직한 변화(김혜원, 허원, 1995)'라고 한 보고서와 맥을 같이하고 있다. 사회적 상호 작용 활동과 언어사용에 제한을 갖고 있는 자폐성향을 가진 아동에게 있어서 언어적 측면에서 의미 없는 혼잣말과 CM song, CF 반복 말하기, 반향어 등 인사말과 같은 일상적인 지시어도 따라 하기를 하였다. 이는 Paul(1987)의 '반향어가 자폐성 장애 아농이 보이는 말의 두드러진 특징'이라고 말한 이론을 지지하고 있다. 이러한 행동들은 어머니와 치료자의 제지 등으로 다소 감소하였으나, 대화를 통한 상호 작용 기회 증진을 위하여 언어 구사를 반복 실시한 결과에서는 언어의 확장이나 단어 수가 늘어나는 결과를 보이지 않았다. 자폐성 장애 아동은 의사소통에 필요한 언어발달과 관련하여 어떠한 음운체계, 단어, 단어의 의미 또는 문법 형태 등을 획득하는 데 장애가 있는 것이 아니라, 언어를 사용하는 방식에 일반 아동과 기본적으로 차이가 있으며, 자폐성 장애 아동은 언어적 의사소통 기능과 사회 – 정서적 기능을 서로 연계시켜 상호 관련을 맺는 데 장애가 있다고 볼 수 있음을 의미한다(Tager – Flusber, 1989)는 이론을 지지하고 있다.

본 연구에서는 Kalff가 재정리한 혼돈의 단계, 투쟁의 단계, 적응의 단계로 구분을 할 수 없는 과정으로 나타났다. 모래놀이치료에서는 대체로 종료가 가까워지면 상징적으로 완전함과 전체감의 표현인 원, 네모 등의 이미지가 나타나게 되어 통합이 나타나지만 모든 모래놀이치료과정이 이러한 단계를 거친다고는 볼 수 없으며(김보애, 2005), 놀이치료와 같이 심리치료에서 효과를 나타내기 위해서는 아동 스스로 치료할 수 있는 능력이 있어야 함이 전제조건으로 필요하다고 할 수 있다(김종현 외, 2006)는 이론과 맥을 같이하고 있다.

연구자의 역할과 치료적 요인을 살펴본다면, 연구자는 자폐아동을 대상으로 모래놀이 이론(김보애, 2005)을 기초로 18회기 동안 모래놀이를 실시하였다. 이 과정에서 내담자는 표정 없이 함묵적으로 모래상자를 8회기까지 구성하였고, 9

회기를 마치고 상담실을 나가면서 처음으로 치료자를 쳐다보았다. 어머니가 인사를 시키고, 과잉행동에 대해서 통제를 하면 어머니 얼굴표정을 보고 치료자의 얼굴을 힐끗 보는 정도다. 치료자와의 교류는 15회기에 어머니가 처음으로 내담자를 혼자 두고 나가면서 시작되었다. 치료자의 팔을 끼거나 손을 잡고 높은 곳에 있는 소품을 달라고 소리를 지르곤 하였다. 이전에는 과일과 야채 모조품에 대해서는 거부반응을 보였지만 내담자는 고추, 감 등을 직접 손으로 들고 와서 모래상자에 놓았다. 상담실에 처음 왔을 때에는 이런 것들을 보고 마구 소리 지르던 공포의 소품들이었다. 이러한 변화는 치료자가 모든 과정을 수용하면서 지켜보아 주었던 것이 내담자와 정서적으로 상호 작용하게 된 결과라고 할 수 있다. 또한 내담자와 회기가 진행되면서 내담자의 치료자에 대한 신뢰도가 높아져 치료자에게 소품을 가져다줄 것을 요구하는 행동으로 나타난 것이라고 사료된다. 또한 공간 배치로 전체적인 구도를 읽을 수도 있겠으나 본 내담자의 그림에서는 읽을 수가 없었다. 치료자의 심정적 판단으로 일반화시켜서는 안 된다고 생각되었으며, 내담자의 개별성과 특별성을 인정해 주어야겠다고 생각되었기 때문이다.

결론적으로 18회기의 모래놀이를 통하여 대상아동은 눈을 맞추며 정적 상호 작용의 변화를 보이고, 어머니가 옆에 없이도 혼자서 모래놀이를 할 수 있었다는 것에 의의가 있었다. 또한 언어의 확장이나 의사소통은 원활하게 이루어지지는 못했지만 이름을 부르면 눈으로 대화할 수 있었다는 점에서 상호 작용 및 의사소통이 이루어짐을 짐작게 하였다. 이러한 결과로 볼 때, 본 연구 아동은 자신이 스스로 치유할 수 있는 내적인 힘이 결여되었음에도 불구하고 자유롭고 안정된 공간에서 언어 이전 단계의 정서적이고 비합리적으로 모래놀이치료가 내담자의 여정에 에너지를 제공하여 주었다. 이 과정에서 내담자는 감정의 흐름을 치료자와 함께 공유함으로써 이러한 현상을 보인 것으로 생각된다. 다만 모래놀이치료실의 소품의 위치 변경 및 낯선 소품들로 인한 변화에 대한 저항을 예감하지 못하여 더 이상 모래놀이가 지속되지 못한 것에 대한 아쉬움이 남는다.

2. 풀꽃향기 같은 처녀의 이야기

제1회기 면접

❖ 인적사항

1) 이름: 임처녀(가명)
2) 나이: 22세
3) 성별: 여
4) 학력: 전문대졸(클래식피아노전공)
5) 직장: 음악학원강사

❖ 가족력 및 문제력

부모는 C시 외곽에서 모텔을 운영하고 있다. 부모의 잦은 다툼으로 정신적 스트레스가 심하여 늘 우울하고 자살하고 싶은 충동을 느낀다고 한다. 부(50세)는 늘 술로 세월을 보내고 가정을 돌보지 않아 모에 의해 지방대학 도예과에 입학하였으나 성실하지 않다고 한다. 모(47세)는 모텔을 돌보며 방송통신대학교 국문학과를 졸업하고 카운터에서 시, 수필을 쓰는 것으로 즐거움을 찾으려고 노력한다고 한다. 모는 내담자가 직장에서 돌아오면 카운터를 맡기고 밤늦도록 친구들을 만나고 놀다가 새벽에 돌아오는 것이 일상처럼 되어 스트레스가 높다고 한다. 남동생(20세)은 대학 재학 중으로 멀리 떨어져 있다고 한다.

❖ 주 호소 문제 및 목표

1) 주 호소 문제
• 마음이 항상 불안하고 우울하며 자신감 없고 소심하고 내성적이어서 나 자신이 너무 힘들다.

- 밝고 긍정적이고 진취적인 마인드를 갖고 싶다.

2) 목표

- 내담자의 심리적으로 불안정한 마음의 상태와 정서적 안정을 찾을 수 있도록 돕고, 자존감을 높여 주기 위하여 모래놀이치료를 실시할 계획이다.
- 놀이를 통해 내면의 세계에 안정감과 자신감을 얻을 수 있도록 돕는다.
- 스스로를 소중하게 생각할 수 있도록 하여 자신감을 가지고 건강한 사회인으로 생활하도록 돕는다.
- 우리 주위에 있는 모든 것은 아름답다고 느낄 수 있고, 가슴에 사랑을 키울 수 있도록 돕는다.

⦂ 심리검사 결과

· 평가도구: BGT, MMPI, HTP, KFD, SCT

1) MMPI 분석결과

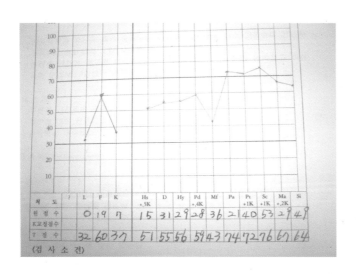

척 도	?	L	F	K		Hs +.5K	D	Hy	Pd +.4K	Mf	Pa	Pt +1K	Sc +1K	Ma +.2K	Si
원 점 수	0	19	7			15	31	29	28	36	21	40	53	29	48
K교정점수															
T 점 수	32	60	37			51	55	56	59	43	74	72	76	67	64

(검 사 소 견)

■ **타당도 척도의 형태 = ∧형(삿갓형)**

- 청소년에게서 기본적으로 보이는 타당도 척도이다.

• 효율적으로 문제를 해결하기가 어렵다.

• 정체감의 혼란이 있다.

• 자신의 상태에 두려움을 느끼고 도움을 청하는 경우가 많다.

■ 전반적으로 에너지가 부족하고, 자신감이 부족하며 내향적이다. 망상과 상상력이 풍부하나 주의 집중력 면에서는 다소 떨어지는 감이 있고 성격의 유연성이 있다는 결론이 도출됐다.

2) 문장완성검사

① 나에게 이상한 일 생겼을 때: 내가 항상 멍하니 정신을 놓고 살아서 이런 일이 벌어졌다고 생각한다.

⑤ 어리석게도 내가 두려워하는 것은: 내 마음속의 삐뚤어진 내 모습이다.

⑫ 다른 가정과 비교해서 우리 집안은: 겉으로는 아무 문제 없어 보이지만 속은 빈 깡통이다.

㉑ 다른 친구들이 모르는 나만의 두려움은: 내가 친구들을 대하는 것을 두려워한다는 것이다.

㉞ 나의 가장 큰 결점은: 자신감이 없는 것이다.

3) HTP 검사

① 집
  • 나무꾼이 혼자 사는 집이다.
  • 다른 집도 없고 아무와도 관계를 갖지 않는 집이다.
  • 단출하게 혼자 자족하며 사는 것이다.

② 나무
  • 105년 된 언덕 위의 나무이다.
  • 뿌리는 깊이 박혀 있고, 잎이 별로 없어요.
  • 줄기는 크게 잘 그렸는데 가지 그리기가 힘들었고 잎은 많이 그리기가 싫었다.

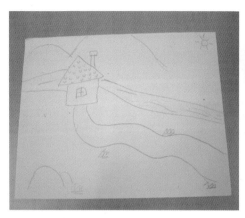 

③ 인물화

- 친구랑 소풍 가는 소녀, 10살

- 행복한 상태

- 밝고 활달하고 자신감 있고 언제나 당찬 모습

- 남자도 같은 패턴으로 개구쟁이를 그렸다.

④ 동적 가족화

- 아빠는 누워서 TV를 보고 계신다.

- 엄마는 카운터에서 책 보고 계신다.

- 동생은 여자 친구랑 통화하고 있다.

- 나는 방에서 TV 보고 있다.

 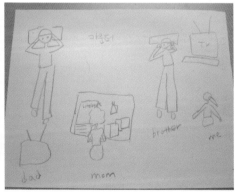

⁝ 행동관찰

연구실에 몹시 수줍어하며 들어선다. 긴 머리에 여성스러움이 아름답게 보인다. 소개를 받았다며 자신의 이야기를 하며 우울하다고 한다. 모래놀이치료실의 환경구성을 신기해하며 장난감이 진열되어 있는 선반을 둘러본다. 면접을 위해 필요한 서류, MMPI 검사지 등을 작성한다. 차분히 마치고 다음을 기다린다.

⁝ 슈퍼바이저의 전체적인 의견

우울로 보기보다는 내면 무의식에 웅크리고 있는 덩어리, 즉 무의식의 그림자를 모래상자에 펴 놓도록 도와야 할 것이다. 내면의 에너지가 많으나 정상적인 출구를 찾지 못하고 있다. 자유로운 모래놀이가 되도록 치료자는 한계나 과제 등으로 내담자를 다시 안으로 몰아넣어서는 안 된다.

> **제2회기 행복한 날(2007. 2. 19. 11:20~12:10)**

⁝ 처음 선택한 소품: 하얀 그네
⁝ 놀이과정 및 행동관찰

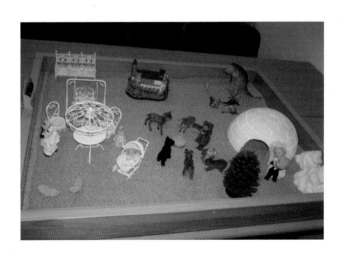

손으로 모래를 고르고 소품을 관찰한 후에 소품들이 있는 장에서 그네와 긴 의자를 가져와 모래상자 왼쪽 위에 놓고 파라솔 탁자와 의자 두 개를 왼쪽 중앙에 놓고 아기인형을 그네에 앉힌다. 큰 공룡, 작은 공룡들을 가지고 와서 오른쪽 위에 아무렇게나 던지듯이 뿌려 놓는다. 이글루와 얼음조각을 오른쪽 아래, 돼지 두 마리 왼쪽 아래에 놓고, 결혼하는 인형을 이글루 앞에 놓았다. 교회를 상자 위쪽 중앙에 놓고, 유모차에 아기를 넣어 탁자 앞에 놓는다. 동물들을 중앙에 놓고 가운데 노란색 초(모닥불로 상징)를 놓고, 술병을 왼쪽 상자 중앙(위)에 솔방울을 오른쪽 아래에 놓고 마친다.

❖ 내담자의 표현 및 치료자 느낌

가운데 숲 속 동물들이 사이좋게 모여서 노는 풍경을 놓았다고 하였다. 유모차의 아기는 빼져 있다고 한다. 왼쪽은 평화로운 풍경을 표현하였고, 돼지는 집에서 키우고, 교회는 동네사람들이 결혼도 하고 모이는 공동회관 같은 곳이라고 한다. 차분하게 말없이 갖다 놓는다. 큰 공룡, 작은 공룡들을 가지고 와서 오른쪽 위에 아무렇게나 뿌려 놓고 전혀 관심을 두지 않는다. 표현하고 싶은 진정한 무엇인가를 잃어버린 것 같은 상황으로 보였다.

❖ 슈퍼바이저의 의견

오른쪽 위에 있는 뭉쳐 있는 공룡들의 문제를 풀어야 한다.

❖ 처음 선택한 소품: 배

❖ 놀이과정 및 행동관찰

모래를 곱게 손질하고 소품을 관찰한다. 배를 오른쪽 위에 놓고, 보석들을 왼쪽 아래에 그 옆 바구니에 아기를 담아 놓는다. 오른쪽 아래에 용, 태권도, 쿵푸하는 사람, 아이들을 놓는다. 다시 왼쪽 아래에 케이크, 프라이팬, 멋진 귀부인을 놓는다. 아까 놓은 배 옆에 선원을 놓는다. 왼쪽 위에 거북이, 게, 상어, 선장 앞에 선장이 잡은 바닷가재를 놓는다. 주전자, 신발, 연꽃모양의 초를 아래 중앙에 놓고, 흰 고양이, 닭 두 마리, 어부 두 사람을 배 옆에 놓는다. 마지막으로 상자 위쪽 중앙에 범선 두 개, 오른쪽 위 코너에 보트를 놓고 끝났다고 한다.

❖ 내담자 표현 및 치료자 느낌

부인은 저녁 준비 중이고, 아기는 요람에서 잠을 자고 있는 것 같다. 만선의 배가 저녁노을 속에 항구에 들어와 집에 들어가려는 장면을 연출한 것 같다. 갯벌에서는 무술 수련을 하는 사람들이 놓여 있다. 배를 타고 바다로 여행을 떠나고 있다.

76

- 처음 선택한 소품: 튤립
- 놀이과정 및 행동관찰

   튤립을 왼쪽 아래에 놓는다. 왼쪽 위 코너에 나무 두 그루, 그 옆에 풀을 놓고, 새둥지를 오른쪽 위 코너에 놓고, 과일과 채소가 담긴 바구니와 접시를 통째로 왼쪽에 놓는다. 새를 안고 있는 인형을 과일들 앞에 놓고 아기 새들을 나무 위에 놓는다. 조개껍질 바구니를 들고 와서 오른쪽 아래에 깔아 놓고 마쳤다.

- 내담자 표현 및 치료자 느낌

   섬 안쪽에 나무가 있고, 여자가 과일을 따고, 채소를 뜯고 일하러 간 남편을 기다리고 있다고 한다. 바다에서 진주, 조개를 캐다 팔아 돈을 만들어 아무 욕심 없이 살아간단다. 일상으로부터 벗어나 한가로이 쉬는 모습이 여유롭다.

- 슈퍼바이저의 의견

   3, 4회기에서는 출발이 정상으로 펼쳐 나간다. 무의식에서 남자를 기다린다.

❖ 처음 선택한 소품: 작은 동물들
❖ 놀이과정 및 행동관찰

모래를 곱게 손질한다. 잠시 생각하더니 작은 동물, 돌들을 모둠으로 가지고 와서 모래 위에 내동댕이치듯 놓는다. 파충류, 자동차, 기타 모든 것들을 양손 그득하게 가지고 와서 아무렇게나 던져 놓는다. 그동안 만졌던 것들을 모두 모래상자에 마구 던져 놓고는 앉는다.

평소에 무섭고 징그럽다고 하던 뱀들을 통째로 들고 와서는 큰 소리가 날 정도로 던진다. 수줍어하고 작은 목소리로 조용히 말하던 아가씨가 이렇게 난폭하게 놓는 행동에 치료자가 놀래서 멈칫해졌다.

C: "놀라셨어요?"

T: "아니. 괜찮아. 계속 진행해도 돼."

C: "아니 그만할래요."

T: "모래놀이는 이렇게 해서 스트레스를 풀 수 있는 특별한 공간이야."

C: "더 많이 쏟아붓고 싶지만 그만할래요."

📍 내담자 표현 및 치료자 느낌

직장에서 동료들 간과 원장과의 관계에서 많은 문제가 있는 듯하다. 큰 소리를 내면서 마구 상자 모래 위에 쏟아붓는 장면에서 치료자가 놀라서 행동이 멈춘 것 같아 치료자로서 소양을 아직 못 갖춘 것 같아 미안했다. 스트레스를 풀고 싶었을 텐데 ……

📍 슈퍼바이저의 의견

무의식이 돌출 행동을 보인다. 아주 바람직한 모래놀이 장면이다. 폭발함으로 그림자의 일부가 분출되어 내적 분화를 통해 개성화로 다가가려 한다.

제6회기 쥬라기공원 - 2(2007. 3. 31. 14:00~14:35)

📍 처음 선택한 소품: 공룡
📍 놀이과정 및 행동관찰

항상 모래를 가다듬는다. 큰 공룡 다섯 개를 가지고 와 중앙에 앞을 향해 둥글게 가지런히 놓고 큰 공룡 두 개를 가지고 와 낙타를 놓고, 그 뒤로 큰 공룡 여섯 개

를 더 가지고 와 앞을 향해 놓는다. 작은 공룡들을 가지고 와서 앞을 향해 질서 있게 놓는다. 앞쪽에 제일 큰 공룡을 놓고 내담자라 한다. 오른쪽 위 코너에 장식품이라고 하면서 쌍둥이드래곤, 머리 둘 달린 용을 놓았다.

❖ 내담자 표현 및 치료자 느낌

지난 회기에 무질서하게 놓았던 것을 만회라도 하려는지 차분히 한 방향으로 가지런하게 놓았다. 손해 보는 것 같고, 피해 보는 것 같아 화가 나서 지난번에는 그렇게 놓았다고 한다. 그림상으로 자신을 크게 부각시키고, 많은 문제가 있어도 당당히 대적할 수가 있다는 암시를 해 보이고 있지 않나 해석된다. 그 후 다소 스트레스가 풀려서 남자 친구를 사귀어서 사랑하고 사랑받고 싶다고 한다. 내담자는 고운 외모, 착한 성품을 가지고 있음에도 표정이 너무 어두워서 표정 관리부터 해야 할 것 같아 보였다.

❖ 슈퍼바이저의 의견

심리적으로 고갈되어 정돈하려 하지만 그렇지 못함을 보여주는 장면이다.

❖ 처음 선택한 소품: 코끼리

❖ 놀이과정 및 행동관찰

코끼리 네 마리를 왼쪽 아래 코너에, 큰 코끼리를 중앙에 놓는다. 잔디울타리, 나무 두 그루를 중앙에 울타리로 둘러치고 잔디 울타리 여러 개를 겹쳐 놓는다. 과일나무 오른쪽 위에, 그 옆에 나무를 놓고, 과일나무 오른쪽 아래와 큰 나무 옆에, 작은 꽃 두 개를 과일나무 밑에 놓고 꽃나무 여러 개로 장식을 한다. 원숭이 한 마리를 작은 꽃 사이에, 다른 한 마리는 숲 뒤에 놓는다. 사람 다섯을 중앙에 놓은 큰 코끼리 옆에 줄을 세워 놓고, 작은 뱀을 과일나무 뿌리 위에 걸쳐 놓았다.

❖ 내담자 표현 및 치료자 느낌

원숭이를 숲 속에 놓고, 뱀을 나무 사이에 놓아서 내담자에게 '원숭이가 안 보이네!' 하고 물었다. 내담자는 '위험한지 지켜보는 중이에요.'라고 한다. 아직 말하기에는 치료자와의 관계 형성이 안 돼서 지켜보고 있는 것인지, 새로이 된 직장에서의 주임교사 직책에서 원장과 동료들과의 관계를 말하는지 잘 해석이 안 된다.

뱀, 원숭이는 내담자의 미분화됨을 보여주고 있다. 에너지가 무의식세계를 탐험하고 있다.

제8회기 관찰(2007. 4. 15. 17:50~18:30)

🔹 처음 선택한 소품: 나비 네 마리
🔹 놀이과정 및 행동관찰

작은 나비 네 마리를 왼쪽 위 코너에 놓는다. 보석이 담긴 그릇을 통째로 들고 와서 양손으로 가득 담아 나비 앞에 놓는다. 큰 나비 한 마리를 오른쪽 아래 코너에서 작은 나비와 보석을 놓은 위를 보게 놓는다. 불가사리 세 마리를 보석 위에 놓고 끝냈다.

화려한 세계인데 꽃이 없어서 나비가 죽어 가고 있다. 불가사리가 독을 뿜어 나비에게는 치명적인 존재이다. 성충이 되어 성장하려고 하지만 불가사리 때문에 죽어 가고 있는 것을 밑에 있는 큰 나비가 지켜보고 있다. 학원에 같이 있던 동료교사가 그만둔 것이 슬프고 보고 싶어서 눈물을 흘린다. 휴지를 주어서 눈물을 닦도록 하였다.

:: 내담자 표현 및 치료자 느낌

성충이 나비로 성장하려는 표현은 내담자가 내적 성장을 꾀하고자 하는 모습으로 보인다. 화려한 보석을 놓았지만 많은 장애를 겪고 있는 아픔을 불가사리가 독을 뿜는 것으로 표현한 것으로 사료된다. 내담자의 마음을 달래 줄 떠난 동료교사에 대한 감정을 표출하게 되어서 그리움은 진정될 듯 보인다. 내담자를 지켜보는 큰 나비로 누구를 상징하는 것인가?

:: 슈퍼바이저의 의견

불가사리가 나비를 독을 뿜어 죽게 하고 다시 재생시키는 모습을 지켜보고 있다. 소생하여 자기를 구축하려 시도하고 있는 장면을 연출하였다. 또 다른 비전을 제시하고 있다.

> ### 제9회기 바다(2007. 4. 21. 14:15~14:45)

:: 처음 선택한 소품: 불가사리
:: 놀이과정 및 행동관찰

바닷물고기, 게 등을 한 주먹 가지고 와서 왼쪽 아래에 놓는다. 장에 있는 모든 고래와 문어를 가지고 와서 왼쪽 아래를 보게 하면서 놓는다. 공룡 알 두 개를 오른쪽 위 코너에 놓고, 두꺼비를 오른쪽 아래 코너에 놓는다. 장에 있는 물개들도 모두 들고 와서 아까 놓았던 고래들과 같은 방향으로 놓는다. 닭, 병아리를 왼쪽 위 코너에 놓고 마친다.

❖ 내담자 표현 및 치료자 느낌

내담자는 이야기하는 것과는 다르고 겉모습과는 다른 경향성을 보인다. 손에 그득 그득 무질서하게 어느 한 부분에 던져 놓는다. 깊고 넓은 세계에서 무엇을 향해 무리 지어 움직인다. 가슴에 많은 욕구들이 움직이고 이동하려고 하는 듯한 느낌을 받는다.

❖ 슈퍼바이저의 의견

무의식의 아픔을 표현하고 있다.

제10회기 부재중(2007. 4. 28. 14:00~14:35)

❖ 처음 선택한 소품: 탁자와 의자
❖ 놀이과정 및 행동관찰

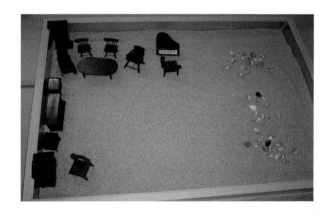

탁자와 의자를 왼쪽 위에 놓는다. 피아노를 위 중앙에 놓고, 옷장, 책장, 화장대 등을 왼쪽 면으로 길게 놓고, 찬장을 왼쪽 위 코너에 놓는다. 그 앞에 흔들의자를 놓는다. 구슬을 오른쪽 위에서부터 길게 밑으로 놓았다.

❖ 내담자 표현 및 치료자 느낌

외롭고 슬픈 느낌을 받았다. 남자친구한테서 연락이 오지 않아 한 주가 괴로웠다고 한다. 내담자는 인연이 아니라고 말은 하면서도 전날 혼자 비디오방에 가서 '안녕 샘'을 보았다고 하였다. 왜 혼자 갔느냐고 물었더니 언젠가 보고 울었던 영화를 보고 울기 위해서 갔는데 속이 풀렸다고 한다. 많은 욕구, 바람 등이 보석처럼 펼쳐져 그 꿈을 이루고 싶지만 지지해 줄 수 있는 집이 부재중이 아닌가?

❖ 슈퍼바이저의 의견

다시 혼돈이다. 무의식의 아픔을 표출하여 돌파구를 찾아가는 여정이다.

제11회기 놀이동산(2007. 5. 5. 14:00~14:50)

❖ 처음 선택한 소품: 유모차
❖ 놀이과정 및 행동관찰

유모차에 탄 아기 둘, 풍선 든 아기를 왼쪽 위에 놓는다. 아기인형들을 균형을 맞춰 흩어 놓는다. 동화 속 주인공들도 흩어 놓는다. 유니콘을 중앙에 놓고 회전목마를 인어공주 옆에, 귀부인 세트(4명)를 회전목마 옆에 놓는다. 요정들(6명)을 또 여기저기에 흩어 놓는다. 풀을 잠자는 숲 속 공주 뒤에 놓고 침대 위에 공주를 세운다. 인어공주 옆에 거북과 물고기, 애기주머니, 캥거루, 백설공주 옆에 그 뒤로 산호 두 개, 유모차 두 대, 뒤에 엄마 두 사람을 놓고 마친다.

동화 속 주인공들을 흥미롭게 놓고 그 얘기 줄거리를 이해하도록 상황을 만든다. 테마가 있는 놀이동산을 놓고 즐거워한다.

❖ 내담자 표현 및 치료자 느낌

내담자는 동화를 즐겨 읽고, 그 주인공을 자기화시켰던 적이 있는 환상을 기억하고 있는 듯하였다. 이런 일들은 우리 모두 어린 시절 경험했던 일들이지만 표현된 장면을 보고 치료자도 같이 놀이동산에서 목마를 타고 노는 것 같다. 내가 꿈꿨던 세계를 지금 이 내담자가 꾸고 있구나! 아름다운 세계를 가슴에 가지고 있어서 행복해할 것 같은데 왜 우울할까?

❖ 슈퍼바이저의 의견

아픔을 딛고 일어났다.

▪ 처음 선택한 소품: 사람들
▪ 놀이과정 및 행동관찰

사람들을 왼쪽에 길게 두 줄로 정렬한다. 옆으로 옆으로 그 옆에 또 두 줄로 둘씩 짝지어 상자 안이 빡빡하도록 놓는다. 마지막으로 머리 둘 달린 용과 괴물을 외계인이라 하며 놓는다.

▪ 내담자 표현 및 치료자 느낌

오늘은 사람들을 놓겠다고 인형들만 꺼내 가지고 와서 놓는다. 무도회에서 둘씩 파트너가 되어서 서 있는 장면이라고 한다. 한 번도 나들이를 하지 못했던 삐에로, 골프 치는 사람 등이 바깥출입을 했다. 얼굴은 밝아지고 화장도 곱게 하고 왔는데 둘씩 대극을 이룬 것을 보면서 '무엇이 문제일까?'라고 자문해 본다. 시내버스 안에서 옆에 앉은 남자가 괜찮아 보여서 명함을 주고 만났더니 사귀는 사람이 있다고 하였단다. 그것도 이 상황에 영향을 미쳤을까?

11, 12회기는 7세로 퇴행한 장면이다. 자신감 결여, 'ego'가 성장하지 못한 상태이다. 현시점으로 오려면 시간이 걸리겠다.

제13회기 장군(2007. 5. 26. 14:40~15:20)

■ 처음 선택한 소품: 장군
■ 놀이과정 및 행동관찰

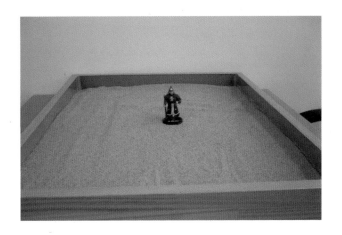

장군을 하나 놓고 모래를 곱게 손질하고는 "끝났어요!"라고 한다.

T: "정말 장군만 놓은 거야?"

C: "네"

T: "멋진데!"

C: "헤쳐 나갈 자신이 생겼어요!"

T: "정말 듣고 보니 자신감이 넘치네!" 내담자는 웃는다.

❖ 내담자 표현 및 치료자 느낌

'장군' 하나를 놓고는 마쳤다고 한다. 허허벌판에서 모든 것을 헤쳐 나갈 수 있는 '장군'이라며 자신에 차 있다. 지난 회기에 많은 사람들과 마주 서게 하면서 갈등을 푼 것일까? 그러나 왠지 걱정이 더 되는 것은 왜일까? 이제부터 진정한 상담이 이뤄져야 할 것 같다는 생각이 앞선다. 이루고 싶은 일 세 가지를 하루에 열 번씩 노트에 써 보도록 몇 주 전부터 과제를 주었다. 써 온 내용 밑에 긍정적인 지지의 글을 써 주고, 과제를 잘해 주어서 고맙다고 인사했다. 직장에서 동료들 간의 문제의 조언을 듣고 싶어 하여 '넓은 도량으로 부드러움을 잃지 말라.'는 일상의 멘트를 해 주었다.

❖ 슈퍼바이저의 의견

갑옷을 입음으로 해서 자기를 무장하고 있기 때문에 완전히 서지 못했다. 위장일 수도 있고, 허세를 부려 볼 수도 있다. 치료자의 판단이 너무 서두르고 있지 않았나 싶고, 과제(이루고 싶은 소원을 하루에 열 번씩 써 오라고 하였음)를 내는 것은 절대로 안 된다.

❖ 처음 선택한 소품: 울타리
❖ 놀이과정 및 행동관찰

나무울타리와 다른 여러 개의 큰 울타리들을 종류별로 가지고 와서 원을 만든다. 돌, 산호수나무, 울타리, 풀, 바위산을 울타리 안쪽 위에 놓고, 꽃, 나무들도 적당히 놓는다.

❖ 내담자 표현 및 치료자 느낌

'정리를 안 하고 마구 놓으려 했는데 울타리를 쳤네요!'라고 말한다. 지난번 장군을 놓고 기분이 좋았다고 한다. 애인이 있는 남자 친구 문제로 갈등하고 있는 듯했다. 차분히 정리하는 모습을 보인다.

❖ 슈퍼바이저의 의견

자기를 다시 가두었다. 치료자가 과제를 낸다는 것은 위험한 일이다. 모래상자에서만 대화를 해야 한다. 새롭게 시작해야 하는데 그 시작은 자유로운 분위기에 모래놀이를 해야 함에도 치료자의 과한 욕심으로 인해 과제가 주어져서 내담자가 어렵게 마음의 문을 열려 했던 것이 다시 원점으로 돌아갈 것 같다.

❖ 처음 선택한 소품: 인형
❖ 놀이과정 및 행동관찰

동물 소품들을 무더기로 놓는다. 마구잡이로 눕히기도 하고 엉키게 놓기도 한다.

❖ 내담자 표현 및 치료자 느낌

언젠가와 비슷한 표현을 하고 있다. 모래 위에 놓인 인형은 유치원 크리스마스
행사에 선물받았던 인형과 비슷하기 때문에 놓았단다. '엄마는 내가 갖고 싶어 하
는 인형을 사 주지 않고 엄마 마음에 드는 인형을 사 주셨어요. 한 번도 내 마음을
읽어 주지 못했어요.' '엄마에게 그 말을 왜 하지 못했을까?' '엄마가 실망할 것 같
아서요!' 언젠가 이 말을 또 한 적이 있다. 학교에서도 의사 표시를 해 본 적이 없
단다. 심성이 너무 고와서 마음에 묻고 있는 것들이 너무 많은 듯하다. 모래상자에
모두 쏟아 놓도록 지켜봐 주고 지지해 주어서 자존감을 높여 주어야겠다.

다시 혼돈으로 들어갔다. 'ego'가 일어나려 하지만 사이클을 맞추지 못하고 쓰러진다.

제16회기 악마를 내쫓는 의식(2007. 6. 16. 14:20~15:00)

■ 처음 선택한 소품: 똥
■ 놀이과정 및 행동관찰

 똥을 오른쪽 위 코너에 놓으면서 "이런 것도 있었어요?"라고 묻는다. 원숭이 가족을 똥 앞으로 놓고, 흑인 연주자들을 원숭이 가족과 마주 보게 놓는다. 검은 부엉이를 중앙에 있는 흑인 연주자 옆에 놓는다. 해골(두개골)을 왼쪽 위 코너에 놓고, 뼈만 있는 인형 세트를 왼쪽 아래 코너에 놓는다. 몸과 마음이 병든 인형(내담자 표현)을 똥 밑에 놓고 마무리한다.

■ 내담자 표현 및 치료자 느낌

 몸과 마음이 병든 사람 속에 있는 악마를 내쫓는 의식을 하기 위해 흑인 악사들이 연주를 하고 있다. 신비한 능력이 있는 부엉이가 지켜보는 가운데 원숭이들이 초자연적인 힘을 빌려 사람들의 마음의 병을 낳게 하는 식을 올리고 있단다. 그 결과로 악마들이 원숭이를 통해 똥으로 나왔다고 하면서 시원해하고 있다. 병든 사람들은 그 의식을 지켜보면서 겁에 질려 있다. 나쁜 기운을 담아서 막아 주는 해골은 함부로 건드려서는 안 된다. 마을을 지켜 주는 영적인 존재이기 때문이다. 원숭이를 상징적 의미로 보고 내담자가 치유되고 있지 않나 사료되며, 치유과정에서 악마가 똥으로 배출되어 다소 내면의 소통이 이루어지고 있음을 보여주고 있는 듯하다.

⁝ 슈퍼바이저의 의견

악마를 쫓는 의식을 통한 치유행위로 스스로 일어나려 하고 있는 모습을 보인다. 부엉이는 내담자의 'ego'를 나타내는 것이다.

> **제17회기 소박한 꿈(2007. 6. 23. 14:40~15:20)**

⁝ 처음 선택한 소품: 시소 타는 인형
⁝ 놀이과정 및 행동관찰

시소 타는 인형을 왼쪽 위에 놓는다. 러시아 인형 여섯 개를 왼쪽 중간에서 큰 인형부터 오른쪽으로 나란히 놓는다. 거북이 세 마리를 큰 것부터 오른쪽 아래에 앞을 보게 하면서 뒤로 차례로 놓았다. 사각모 인형 두 개, 집 두 채를 위에 나란히 놓고, 그 뒤로 풀로 담을 쌓았다.

▓ 내담자 표현 및 치료자 느낌

인형들은 할머니, 엄마, 딸 등 맥을 같이하고, 거북이는 아빠를 따라서 형, 동생이 물가로 가는 모습을 표현하였다. '편입하여 파트너와 졸업을 하여 행복하게 이웃과도 잘 지내기를 바라는 소박한 꿈을 실현하고파 모래에 그림을 그렸다.' 한다. 기존의 틀에서 벗어나지 않는 범위 내에서 자신의 꿈을 이뤄 보겠다는 내담자의 표현처럼 내용이 정말 소박함이 느껴지는 작업이었다.

▓ 슈퍼바이저의 의견

일상으로 돌아오려고 하고 있다. 좋은 모래상자이다.

제18회기 광장(2007. 7. 7. 14:50~15:20)

▓ 처음 선택한 소품: 앵무새
▓ 놀이과정 및 행동관찰

앵무새 네 마리를 왼쪽 위에 나란히 놓는다. 아기 둘을 중앙 위쪽에 놓고, 곰인형은 오른쪽 위 코너에 놓는다. 유니콘 다섯 마리를 중앙에 놓으면서 왼쪽을 보게한다. 촛불 켜지는 집을 오른쪽 아래 코너에 놓고, 시계탑을 왼쪽 아래에 코너에놓는다. 촛불 켜지는 집 위쪽으로 십자가를 놓고, 그 앞에 기도하는 아이 둘을 놓는다. 아이 둘을 곰인형 앞에 놓고, 꽃바구니는 기도하는 아이들 위에 놓고 마친다.

🔹 내담자 표현 및 치료자 느낌

커다란 시계탑에서 정오를 알리자 환상적인 유니콘의 퍼레이드가 벌어지고 있다. 앵무새와 아기들, 곰인형 등이 구경을 하고 광장 한편에서는 소년 소녀가 기도하고, 광장에서 돌아다니는 아이 한 명은 바흐이고 한 명은 서머셋모음(「달과 육펜스」 작가)이란다. 음악학원에서 도내 콩쿠르에 참가하는 아이들을 위해 마음으로 좋은 성적을 기대하는 기도를 하고 있는 듯하다.

🔹 슈퍼바이저의 의견

17회기 '소박한 꿈', 18회기 '광장'은 판타지적 내적 성장을 보인다.

제19회기 두려움(2007. 7. 16. 19:30~20:10)

🔹 처음 선택한 소품: 결혼하는 인형
🔹 놀이과정 및 행동관찰

왼쪽 위에 결혼하는 인형을 놓고, 그 밑에 처녀총각, 또 그 밑에 부엉이를 놓고, 부엉이 위에 기도하는 아이들을 놓는다. 그 위에 할머니, 그 앞에 마리아를 놓고, 그 모든 것 위를 나무와 풀로 덮는다. 그렇게 덮은 앞에 빗자루 마녀를, 그 조금 앞에는 물고기를 어깨에 메고 걸어가는 어부를 놓고 마친다.

⁝ 내담자 표현 및 치료자 느낌

내담자가 약속 시간보다 조금 늦게 왔다. 표정이 좋지 않았고 우울한 것 같아 걱정스러웠다.

T: "왜 무슨 일 있었어요?"

C: "네, 교사회의가 길어졌는데 동료교사가 기발한 의견을 제시하고, 원장선생님이 아주 좋아하셨어요. 그 선생님은 늘 새로운 아이디어가 샘솟는 것 같아요. 그래서 쫓기는 기분이고 자존심이 상해서요."

T: "발전적인 방향으로 받아들이고 선생님도 그 의견에 부수적인 의견을 말하면 좋았을 텐데."

C: "저는 그렇게 못 하고 금방 제가 초라해지는 것 같아 학원을 그만두고 싶은 심정이에요."

모래상자에 피겨를 놓더니 나무와 풀로 덮어 버린다. 그리고는 눈물을 닦는다.

⁝ 슈퍼바이저의 의견

다시 내적 공포가 나타난다. 모두 덮어 버렸지만 그 혼돈에서 마녀가 빠져나왔고 어부가 나온 것은 지금의 상황에서 자신의 소득은 챙길 수 있어서 절망은 아니다.

❖ 처음 선택한 소품: 오리 두 마리
❖ 놀이과정 및 행동관찰

　　오리 두 마리를 왼쪽 위 코너 앞에 놓고, 오줌싸개 소년을 오리 옆 위 중앙에 놓는다. 커다란 독수리 세 마리를 오른쪽 위쪽에서 왼쪽 아래로 모래 중심부에 놓는다. 구슬(물로 표현)을 왼쪽 면 중앙에 조금 깔고 그 밑에 오리 새끼 세 마리를 놓는다. 러시아 인형 둘을 위쪽 중앙 오줌싸개 소년 옆에 놓는다. 도자기 오리 둘을 구슬 위에 놓고, 도자기 연꽃 주전자를 오른쪽 아래에 놓고 그 위로 호수공원 관리인(농부 인형)을 놓고 마친다.

❖ 내담자 표현 및 치료자 느낌

　　새로 사온 장난감들을 보고 새것 위주로 모래상자를 만든다. 독수리 세 마리를 마음에 들어 하면서 "정말 멋져요. 제가 하나 가져가도 돼요?" 한다. 허락하였는데 가지고 가지 않았다. '연꽃 도자기 주전자'를 몇 번이고 놓았다 빼고 다시 들고 들여다보고 하며 놓았다. '오줌싸개는 아침에 엄마한테 혼나고 공원에 나왔고, 러시아 여인들은 산책 나와서 이야기하고 호수를 거닐고, 노란 오리 새끼들은 위에 있는 엄마오리 말을 안 듣고 멋대로 논다.' '호수공원 관리인 아저씨가 마음이 따뜻해서 여기 오는 사람들의 마음이 풀려서 간다.'고 한다. 주전자는 '공원의 조각상'이란다. 오늘은 마음이 조금 여유로워 보인다.

제21회기 쥬만지(2007. 8. 3. 10:00~10:50)

❖ 처음 선택한 소품: 양
❖ 놀이과정 및 행동관찰

양을 왼쪽 위에 놓고(나중에 빼냄), 악어를 오른쪽 아래에 놓는다. 주사위 두 개를 상자에서 넓은 간격을 두고 오른쪽, 왼쪽에 던져 놓는다. 거북이 가족을 큰 거북이부터 중앙에 놓고 왼쪽 아래 코너를 향하게 하고 그 뒤를 따라 사선 모양으로 연출한다. 칠보 통 왼쪽 아래 코너 부근에 놓고, 나무, 꽃 왼쪽 위에 놓는다. 코끼리 새끼들을 숲 속 옆(이때 양을 뺌)에 놓고, 큰 코끼리 두 마리가 숲 뒤에 있는 새끼들을 향해 가고 있다.

❖ 내담자 표현 및 치료자 느낌

'나무그늘 아래서 새끼 코끼리들이 놀고 어미들이 돌아오고 있다. 거북이들은 엄마를 따라다니고, 크게 입을 벌린 악어는 교회 전도사가 악어로 변장한 모습을 나타내고, 밝은 햇빛이 비춰서 악이 존재할 수 없다'고 말한다. 반주를 맡았던 교회의 '남자 전도사'가 만나자고 하여 노래방에 가서 이상한 소리를 하고 사귀자고 했단다(약혼녀가 있음에도). "너무 재수가 없고 황당했어요!"라면서 아주 불쾌한 표정을 지었다. 그 영향인 듯 악어를 그 전도사의 상징물로 표현했다.

제22회기 가족(2007. 8. 12. 11:00~11:50)

▪ 처음 선택한 소품: 요리사
▪ 놀이과정 및 행동관찰

    요리사를 왼쪽 위에 놓고, 귀여운 인형들을 요리사 옆으로 줄을 세운다. 도공(아빠), 신사임당(엄마)을 요리사 앞에 놓는다. 오토바이와 옆으로 앉아 있는 청년(동생)을 올려놓고 도공 옆에 놓는다. 갑돌이와 갑순이는 엄마 옆에 놓는다. 물방울, 보석들을 가족들 앞에 놓는다. 꽃 화분은 왼쪽 위 코너, 꽃들은 중앙 위와 왼쪽 아래 코너에 놓고 의자에 앉는다. 한참 감상한 후 인형들을 치우고 오른쪽을 꽃나무들로 바꾸어 장식한다.

C: "아빠가 도자기를 만들어서 충남 도예전에서 특상을 받아 장학금을 타셨어요."

T: "경사 났네! 축하드린다고 전해 주세요."

가족이 행복해지고 있는 것 같다. 임 선생이 신경을 많이 쓴 때문인지 아버지와 관계가 좋아지고 있고, 엄마도 안정적으로 편안한 모습을 보여주고 있다. 임 선생의 에너지가 올바른 방향으로 방출되는 것 같다. 착한 남자친구도 만나게 됐고, 오토바이를 좋아하는 남동생과는 별로 대화는 없지만 가족을 놓고는 즐거워한다. 빵을 좋아해서 빵 만드는 사람을 놓았다고 했지만 아침을 먹지 않아서 배가 고픈 듯 보였다.

제23회기 놀자(2007. 8. 26. 11:00~11: 40)

■ 처음 선택한 소품: 자전거 타는 아이들
■ 놀이과정 및 행동관찰

자전거 타는 아이들을 왼쪽 중간쯤에 놓고, 펭귄은 자전거 오른쪽 옆에 놓는다. 그리고 오리 두 마리를 펭귄 오른쪽 옆에 놓는다. 겨울 아이들을 상자 위쪽에 한 줄로 놓고, 요람에 있는 아기인형 네 개를 가지고 와서 자전거 타는 아이들, 펭귄, 오리들 앞에 놓는다. 꽃 화분 상자를 아래에 한 줄로 장식하고 마친다.

❖ 내담자 표현 및 치료자 느낌

C: "모든 것이 다 귀찮아요! 애들처럼 놀기만 했으면 좋겠어요."

학원에서 아이들 평가서를 써야 하는 작업이 스트레스를 주는 것 같다. '착한 아가씨'라는 생각이 든다. 모래놀이에 흥미가 없는 듯 힘없이 툭툭 놓는다. 몇 회기를 더 지켜보고 종료해야 할 것 같다.

제24회기 가을정원(2007. 9. 2. 15:00~18:50)

❖ 처음 선택한 소품: 나무
❖ 놀이과정 및 행동관찰

나무들을 왼쪽 위에서 오른쪽 방향으로 한 줄로 놓고, 과일나무도 섞어서 놓는다. 꽃나무들을 한 묶음씩 들고 와서 듬성듬성 놓았다가 줄을 맞춰 정리한다. 사과나무를 중앙에 놓고 한참을 쳐다보더니 마음에 들지 않는다고 다시 놓겠다고 하면서 다시 놓았다. 사과나무는 변동이 없었다.

　　나무들을 두서없이 놓고, 조화롭지 못하고 균형을 맞추지 못한다. 천천히 마무리할 계획을 하고 있는데 아직은 불안하다. 마음을 정리하지 못하고 있는 듯하다. 앞으로 10회기는 더 유지되어야 할 것 같다. 감정의 기복이 크기 때문에 일관성을 보이지 못하여 좀 더 지켜봐야 할 것 같다.

제25회기 장난감 박물관(2007. 9. 9. 10:40~11:20)

⁂ 처음 선택한 소품: 인형
⁂ 놀이과정 및 행동관찰

　　인형들을 왼쪽에서 오른쪽으로 위에 놓는다. 지구본 오른쪽 위, 그 옆에 피노키오를 놓는다. 왼쪽, 오른쪽 사방을 인형들로 테를 두른다. 중앙에 유니콘들을 둥글게 놓고, 보석들을 유니콘 주위에 둘러놓고, 관람자들이 다니는 '길'이라 말하고 마친다.

요즈음 '나는 장난감에 탐닉한다(김혁 지음)'는 책을 읽고 있어서 장난감 박물관을 놓았다고 한다. 늘 주제를 정하고 모래놀이를 하기 때문에 주제의 흐름이 연결이 되지 않아 불안감을 느낀다. 횟수가 오래되어 종결하려고 하지만 정서적으로 기폭이 있는 것 같아 더 지켜보아야겠다.

> **제26회기 휴일(2007. 9. 26. 10:20~11:30)**

■ 처음 선택한 소품: 집 세트
■ 놀이과정 및 행동관찰

집 세트를 왼쪽에 놓는다. 1층, 2층 거실, 방 등에 가구들을 이리 저리 옮기고 치우고 다시 놓고를 계속한다. 밖에 파라솔 탁자도 아래, 위를 여러 차례 하다가 오른쪽 위에 자리 잡았다. 부부를 놓고 이웃이 놀러 와서 휴일을 즐긴다고 한다. 베란다에서 아이들이 그네를 타고, 아기는 토끼인형을 가지고 마당에서 논다. 소품들을 여기저기 놓았다가 옮기면서 마친다.

내담자는 새로운 것에 흥미를 보인다. 그렇기 때문에 스토리텔링이 안 되는 것 같다. 동네 아이들과 어울리는 장면이 정겹다. 조그만 연못을 만들고 물고기 두 마리를 놓았고, 물을 만들어 물고기를 놀게 하는 모습은 처음으로 등장시켰다. 뭔가 마음이 열리고 있는 듯하여 반가웠다.

> 제27회 하늘(2007. 10. 7. 10:40~11:10)

🔹 처음 선택한 소품: 빗자루
🔹 놀이과정 및 행동관찰

모래를 아래로 옮기면서 빗자루로 깨끗하게 쓸어 내린다. 아래에 쌓은 모래 위에 풍차집을 오른쪽에 놓고, 집 세 채를 나란히 놓고, 튤립들을 집 앞에 놓는다. 돼지, 양을 집 옆에 놓고 마친다.

'높고, 구름 한 점 없는 하늘이 너무 좋아요.' '사람들은 목장이나 들에 일하러 나가고 한가롭고, 따스한 볕이 내리 쬐는 맑고 푸른 하늘'이라고 말한다. 밝은 표정으로 큰 귀걸이를 달랑거리면서 귀엽게 웃는다. 이것은 현상학적인 표현일 뿐 내면이 덮여져 있는 듯 보인다. 조금 더 지켜볼 필요를 느낀다.

제28회기 유치원(2007. 11. 17. 11:00~11:40)

:: 처음 선택한 소품: 사람
:: 놀이과정 및 행동관찰

어른 두 사람(아래가 선생님, 위쪽이 엄마) 아이 두 명(큰 아이가 본인, 그 옆이 친구)을 왼쪽 중앙에 놓고, 중앙 위에 어린이 회관을 놓는다. 카메라와 기사는 중앙에 놓는다. 스케치북 두 개(여자, 남자를 상징하는 캐릭터가 그려진)를 오른쪽에 간격을 두고 놓는다. 그 뒤에 내담자라며 한복 입은 인형을 놓고, 인형 오른쪽 위로 친구인 듯한 여자인형 두 명을 놓고 마친다.

'유치원에서 미술대회상을 받으러 가서 사진 찍는 모습이에요.' '지금 그 사진을 보면 제가 울려고 하고 있어요.' '엄마는 그때나 지금이나 제 마음을 읽지 못해요.' 라고 많은 말을 했다. 시상대에 오르는 것이 쑥스러워서 자기 차례가 됐을 때 갑자기 배가 아프다고 화장실을 다녀왔는데, 엄마는 계속 사진도 못 찍게 그 시간에 화장실을 다녀왔다고 야단을 쳤고, 유치원 입학식 날 스케치북을 남자아이들이 좋아하는 캐릭터가 있는 것을 집어서 주시면서 괜찮다고 주셔서 너무 속상했던 일과 크리스마스 행사에 자기가 사달라고 했던 인형을 사 오지 않고, 싫다고 한 값이 싼 인형을 받게 되어 너무 슬펐다고 한다.

제29회기 유치원 2(2007. 12. 8. 14:30~15:10)

❖ 처음 선택한 소품: 사람
❖ 놀이과정 및 행동관찰

케이크 두 개를 가지고 와서 왼쪽 위와 중앙 위에 놓는다. 왼쪽 케이크 위에 여자(본인)아이, 중앙 케이크 위에는 어른 두 사람 사이에 여자아이를 놓았다. 왼쪽 중간에 운동하는 남자아이 둘을 놓고 사이에 작은 여자아이를 놓는다. 꽃신 한 켤

레를 중앙에 놓고 그 주위에 아이들 네 명을 놓는다. 꽃신 놓은 오른쪽 위로 사각모 쓴 본인과 그 뒤에 친구들이라며 놓는다. 오른쪽 아래에 텔레비전, 그 앞에 서 있는 본인을 놓는 것으로 마친다.

❖ 내담자 표현 및 치료자 느낌

지난 회기에 이어 유치원 생활을 사건별로 놓았다.

C: "유치원 선생님들이 왜 나를 예뻐하지 않았는지 모르겠어요?" 하며 운다.

T: "친구들과도 어울리지 못했지만 선생님은 늘 혼자 있는 저를 보아도 신경 써 주지 않았고, 남자아이들이 때려서 울어도 그냥 내버려 두었어요!" 한다.

'유치원 때부터 시선을 아래에다가 두고 다니는 습관이 생겨서 지금도 사람의 얼굴을 제대로 쳐다보지 못해요.'라고 하면서 휴지로 눈물을 닦는다. 우리는 흔히 '저 아이는 습관적으로, 기질적으로 저런 아이야!' 하는 태도들이 아이들을 '작게, 소심하게 만들어 놓을 수도 있겠구나!' 하고 생각해 볼 수 있는 상자였다.

제30회 마음속의 상처들(2007. 12. 16. 14:30~15:40)

❖ 처음 선택한 소품: 책(노트라고 함)
❖ 놀이과정 및 행동관찰

노트를 왼쪽 위에 놓고 그 옆에 베트남 전통의상 아오자이와 노란 모자를 쓴 사람이 본인이라며 등을 돌려 상자 밖을 보게 하는 장면을 놓으며 시작한다. 중앙 위에 초등학교 4학년 때 담임선생님이 교탁 앞에 앉아 계시는 모습을 놓는다. 초등학교에서부터 고등학교까지의 학교생활에서 마음의 상처를 받았던 장면들을 연출하였다.

❖ 내담자 표현 및 치료자 느낌

초등학교 4학년 때 담임선생님께서 시를 잘 썼다고 칭찬하셔서 다시 썼더니 "이걸 시라고 썼니?" 하시면서 6학년 선생님도 계시고 친구들도 있는 데서 소리를 지르셔서 너무 놀랐던 일, 중학교 때에는 친구 셋이서 서로 삐지면서 골 부렸던 일을 놓았다고 한다. 고등학교 다닐 때에는 학교에 가기 싫어서 짜증을 냈던 일 등을 상자에 슬픈 표정으로 놓았다. 중학교 때 국어선생님께서 "너는 왜 복도만 내려다보고 다니냐?" 하시면서 "위를 보고 걸어라!"는 말씀을 듣고 겨우 얼굴을 들어 앞을 보게 되었단다. 평범한 아이들에게서는 보통 지나가는 말일 수도 있는 일들, 일반적으로 잊어버림직도 한 사건들을 너무 부정적으로 기억하고 있는 것 같았다.

> ### 제31회기 가족(2007. 12. 29. 13:10~13:40)

❖ 처음 선택한 소품: 사람
❖ 놀이과정 및 행동관찰

도공과 앉아 있는 부인을 왼쪽 위에 놓고 그 앞에 다시 남녀를 놓았다. 뒤에 먼저 놓았던 사람과 앞에 다시 놓은 사람은 부모님이라고 한다. 거북이 가족은 오른쪽 위에 놓고, 왼쪽에 부모를 중심으로 양옆에 한 쌍의 커플들을 놓는다. 집 그리고 자동차들을 놓고 마친다.

:· 내담자 표현 및 치료자 느낌

내담자 가족들의 미래상을 놓았단다. 미래 동생도 결혼해서 부인을 데리고 오고, 내담자도 남편과 함께 부모님을 찾아와서 즐겁게 명절을 보내는 장면이다. 아버지는 아버지가 가지고 있는 도자기 빚는 재주로 소일을 하고 계신다고 한다.

제32회기 정지된 시간(2008. 1. 5. 11:45~12:40)

:· 처음 선택한 소품: 책상
:· 놀이과정 및 행동관찰

※ 왼쪽에서 촬영

책걸상을 왼쪽 위 중간쯤에 놓고 여자아이를 자는 자세로 앉힌다. 다른 여자인형을 들고 와서 왼쪽에 놓고, 그 앞 옆으로 누워 있는 여자아이를 이불을 덮어 놓고 칸

막이를 놓는다. 욕조, 변기 등을 오른쪽 위 코너 부근에 놓고 여자인형을 세면대 앞에 놓는다. 레일란디 나무 울타리를 친다. 중앙에 버스를 놓고 그 위에 여자인형을 앉힌다. 왼쪽과 중앙 위에 여러 인형들을 둘로 나누어 원을 만든다. 왼쪽 아래에 마네킹 인형을 놓고 싸리나무 울타리를 친다. 아래쪽 가운데 시계탑을 놓고 마친다.

⦂ 내담자 표현 및 치료자 느낌

내담자는 어려서부터 본인은 아무 존재가치가 없다고 생각하면서 지냈다고 한다. 집에서는 부모가 깨워도 이불 뒤집어쓰고 일어나지 않았고, 화장실에 들어가면 누가 부를 때까지 나오지 않았다고 한다. 그래서 학교는 매일 지각하고, 수업시간에는 엎드려 잤다. 내담자는 이런 행동들로 본인의 존재를 표현하고 싶었지만, 누구 하나 본인의 이런 날갯짓에 대해서 신경을 써 주지 않았고, 친구들도 본인과 놀아 주지 않아서 우울하였다. 어렸을 적에 주변사람들로부터 투명 인간이 되었을 내담자의 상처가 고스란히 전달된다. 내담자가 하루빨리 자신감을 회복하여 자신의 존재 가치를 알고, 자신을 사랑할 수 있고, 자존감을 살릴 수 있도록 도와주어야 하겠다.

⁝ 처음 선택한 소품: 사람

⁝ 놀이과정 및 행동관찰

　모래를 손으로 한참을 다듬고 앉았다가 남자아이를 왼쪽 위에 위를 쳐다보도록 놓았다. 왼쪽 위 코너에 나무를 놓고 그 앞에 남자아이와 성인 남자를 놓는다. 여자아이를 성인남자 어깨에 올려놓는다. 나무 위쪽에 소품을 꽂으면서 연이 나무에 걸렸다고 한다. 계단을 중앙 위에 놓고 위 중간쯤에 여자아이가 올라가는 자세를 취하고 그 아래 성인 남자를 놓는다. 오른쪽 위의 성인남자 앞에 여자아이를 놓는다. 아래에 집을 놓고 그 앞에 남자아이가 앉아 있고 왼쪽에서 여자아이가 오고 있다.

⁝ 내담자 표현 및 치료자 느낌

　초등학교 때 동생하고 연을 가지고 놀다가 연이 가지에 걸려서 꺼내려고 하는데 어떤 아저씨가 도와주겠다고 하였다. 아저씨는 본인을 어깨 위에 앉히고 연을 꺼내 주고서는 내담자의 성기를 만졌다. 아파트 계단으로 데리고 가서 팬티를 벗고 성기를 보여 달라고 하면서 옷을 벗기고는 성기를 한참을 들여다보고 만졌다. 다시 사람이 뜸한 아파트 옥상 끝 계단에서 아저씨는 바지를 내리고 성기를 꺼내서 얼굴에 문지르더니 빨아 보라고 하였다. 싫다고 하니 보내주었다고 한다. 얼마나 놀랐을까! 문장완성검사에서 이러한 문항이 있어서 이 얘기가 나오면 마쳐야겠다고 처음부터 기다렸는데 이제야 그 부분이 나오게 되어 참 다행한 일이었다. 단 한 사람에게도 못 하였던 사연이란다. 이 기회에 좋은 치료가 됐으면 좋겠다.

❖ 처음 선택한 소품: 아이들
❖ 놀이과정 및 행동관찰

　여자아이들을 오른쪽 위와 왼쪽 위에 놓는다. 중앙 위에 침대를 놓고 여자인형 두 개를 눕히고 친구와 자는 모습이라고 한다. 그리고 그 옆에 책상 놓고 의자에 여자인형을 앉힌다. 난장이들을 여러 사람으로 표현하고 그 사이에 인어공주를 자신이라며 놓고 중앙에 지팡이 짚은 여자(학원 원장)를 놓는다. 피아노와 그 앞에 앉은 본인과 그 앞에 콩쿠르 나간 아이들을 놓는다. 오른쪽에 미달된 학점을 따기 위해 열심히 공부하는 모습을, 독수리를 오른쪽 아래 코너에서 상자 밖을 보게 놓고는 마친다.

❖ 내담자 표현 및 치료자 느낌

　내담자는 대학교 생활이 엉망이었다고 얼굴을 붉힌다. 자취하는 친구 집에서 술을 마시고 학교를 무단으로 결석하는 등 정상 졸업을 못 하게 되어 취업 후 후회하고 열심히 공부하여 졸업장을 받게 되었다고 말한다. '바다 이야기' 같은 게임방에서 아르바이트도 하고 다양한 아르바이트를 하였다. 전공인 피아노소리가 한동안 들기 싫어서 방황하다가 결국 피아노 학원에 취업하여 지금은 적응을 잘하고 있다. 더 나은 도약을 하고 싶어서 공부를 계속하겠다고 말한다. 하기 어려운 부끄러운 이야기를 했다고 하면서 화장실을 다녀왔다. 이렇게 많은 사연들을 이야기하기 위한 준비가 너무 길었던 것이 아닌가 하는 생각이 든다. 이제 하고 싶은 이야기를 모두 털어놓아 홀가분한 기분으로 마칠 수 있겠다고 한다.

제35회기 멋진 나(2008. 1. 27 15:20~16:00)

❖ 처음 선택한 소품: 피아노
❖ 놀이과정 및 행동관찰

피아노를 왼쪽 중앙에, 커다란 인형을 중앙에 놓고 본인이라고 한다. 화려한 성을 중앙에 놓았던 인형 뒤에 놓고, 그 옆에 목욕하는 여인, 그 뒤로 백설공주, 신데렐라, 미녀 인형, 책 읽는 여자를 놓는다. 오른쪽 위 코너에 바이올린 켜는 여자를 놓고 그 밑으로 컴퓨터, 결혼하는 신랑 신부를 오른쪽 아래에 놓고 장면에 대한 설명을 한다.

가운데 화려하고 멋진 내담자를 놓았다. 처음 가족화에서 한쪽 끝에 조그맣게 그려졌던 내담자가 이렇게 커진 것이다. 멋진 성에서 결혼하여 배우자와 행복하게 살 것이란다. 동화 속의 주인공들은 백화점에 걸려 있는 의상들이라면서 쇼핑하면서 여가시간을 즐기며 책도 많이 읽으면서 생활을 즐기면서 여유롭게 살겠다고 말한다. 내담자가 비전을 말하고, 멋진 자기 모습을 만들어 자신감을 나타내는 장면이 연출되면서 치료자의 역할을 잘하고 있었다는 보람을 느끼게 되어 미소가 입가를 스쳤다.

제36회기 즐거운 나의 가족 - 2(2008. 2. 3. 14:20~15:10)

🔹 처음 선택한 소품: 사람
🔹 놀이과정 및 행동관찰

왼쪽 중간에 모래를 조금 끌어 올리고 계곡이라고 한다. 남녀 두 사람을 물가에 앉히고 아이 둘을 계곡 물에서 놀게 하고, 과일을 부부 아래쪽에 놓는다. 파라솔 탁자와 의자 둘을 왼쪽 위 코너에 그 옆에 편안한 의자, 그 왼쪽에 아이스크림을 놓는다. 위 중앙에 포도주병, 그 아래에 탁자와 의자, 탁자 위에 음식들, 의자에 아이들을 앉히고 그 옆에 멋쟁이 할머니(본인)를 놓는다. 과일 상점 오른쪽 중간, 잔디용 풀들을 중앙에 계곡과 선으로 분리시키고, 여행용 침대차를 위에, 멋진 승용차는 본인의 것이라면서 오른쪽 아래에 놓고 마친다.

❖ 내담자 표현 및 치료자 느낌

계곡을 만들어 부부를 물가에 앉히면서 남편과 아이들을 데리고 휴가를 즐기고 있다고 한다. '어릴 때 우리 아빠는 텐트에 엄마랑 우리들을 두고 하루 종일 술만 마셔서 엄마가 짜증을 냈어요. 나는 절대로 아이들을 내버려 두지 않고 슬거운 휴가를 보낼 거예요. 텐트 대신 침대가 있는 여행용 렌터카를 타고 갈 거예요."라고 한다. 오른쪽을 놓으면서 "아까 물에서 놀던 아이들이 낳은 손자들이에요. 요즈음 할머니들의 모습과 다른 아주 멋진 할머니가 될 거예요."라고 하면서 힘 있는 톤으로 말한다. 오늘이 마지막 회기라서 그런지 앞으로 대학도 편입할 것이고, 밝고 진취적인 모습으로 살아가겠다는 각오를 글로 써서 보여준다. 멋진 종결이라 생각된다.

❖ 종합평가

2007년 2월 12일 처음 연구실을 찾아와서 수줍어하면서 얼굴도 들지 않은 채 작은 목소리로 시작하였던 상담이었다. 2008년 2월 3일 일 년에 걸쳐 분노 폭발, 침체, 다시 희망을 보이다가 또 숲으로 숨고 하는 과정 속에 치료사를 놀라게도, 즐겁게도 한 사례였다. 남자 친구도 데리고 와서 인사시키고 같이 와서 모래놀이를 하면서 둘이 마주 보며 웃는 사랑스러운 모습을 보이면서 젊은이의 풋풋함도 보여주었다. 풀꽃향기 같은 소녀가 마지막에 써서 남긴 '밝고 진취적인 삶을 살자', '대학 편입'을 하겠다는 다짐을 연구실 소망 나무에 붙여 주고 소망이 이루어지도록 기원해 줄 것이다.

3. 전학 온 중학교 여학생 이야기

제1회기 면접

❖ 인적사항

1) 이름: 서명창(가명)
2) 나이: 14세
3) 학력: 여중 3학년 학생
4) 부모: 부 - 50세, 고졸, 회사원 모 - 46세, 고졸, 주부
5) 언니: 18세, 고등학교 휴학
6) 이모: 40세, 박사과정 중, 대학강사

❖ 가족력 및 문제력

언니의 정신 병리로 인해 심리적 고통이 심하다. 언니가 정신병원에 입원하면서 학교 친구들로부터 따돌림을 당하여 우울증을 보인다. 부모가 관심을 언니에게만 쏟고 있는 것에 불만을 갖고 밖으로만 돌고 있었다. 아버지도 회사원들과 어울리지 못하고 도시락을 싸 가지고 혼자 점심을 먹고 하루 종일 동료들과 말을 한 마디도 안 한다고 한다. 청주 이모 댁으로 옮겨 전학하였다고 한다.

❖ 주 호소 문제 및 목표

1) 주 호소 문제
• 학교생활에 적응하지 못하고 외톨이라는 생각 때문에 마음고생을 심하게 하고 있다.

- 자신이 왕따를 당하고 있다고 생각하고 있다.
- 점심을 혼자 먹는다는 것이 괴롭다고 한다.
- 집에 갈 때 같이 갈 친구가 없어서 우울하다고 한다.

2) 목표
- 자신감을 갖도록 돕고, 좋은 친구들이 먼저 사귀자고 올 수 있도록 학업에 전력하여 성실함을 보이도록 돕고자 한다.

심리검사 결과

· 평가도구: BGT, MMPI, HTP, KFD, SCT

1) MMPI 분석결과
- 자신을 좋게 보이려고 하는 경향, 통찰력이 결여되어 있다.
- 자신의 상태에 두려움을 느끼고 도움을 청하는 경우가 많다.
- 전반적으로 에너지가 부족하고, 자신감이 부족하며 내향적이다.
- 망상과 상상력이 풍부하나 주의 집중력 면에서는 다소 떨어지는 감이 있고, 사회적 적응의 문제와 자기 비하적이라는 결론이 도출됐다.

2) BGT 결과분석

- 정상보다 높은 수준

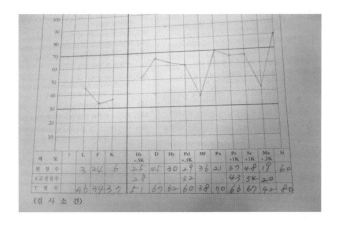

3) 문장완성검사

③ 나의 어머니는: 불쌍하다.

④ 사람들이 나를 피할 때: 죽고 싶다.

⑰ 나의 아버지는: 불쌍하다.

⑱ 신경질이 날 때는: 마구 먹는다.

㉕ 어떻게 해서든 잊고 싶은 것은: 그 상황을 무조건 피하려고 한다.
내 생각에 가끔 아버지는: 울고 싶을 것이다.

㉘ 나에게 가장 문제가 되는 것은: 소심하고, 남의 말을 잘 듣는 것.

㉚ 나를 괴롭히는 것은: 친구들, 가족, 돈, 살 등이다.

㉛ 내가 가장 바라는 것은: 건강한 가족과 나를 이해해 주는 친구들이 있었으면 좋겠다.

㉝ 내가 어렸을 때: 성추행을 당한 적이 있다

(51) 소원이 마음대로 이루어진다면, 내 소원은: 건강하고 행복한 가정이다.

4) HTP, KFD 검사

① HTP 검사

㉠ 집: 빈집

- 비어 있다.
- 앞으로도 비어 있을 것이다.

㉡ 나무: 백 년 된 죽은 나무이다.

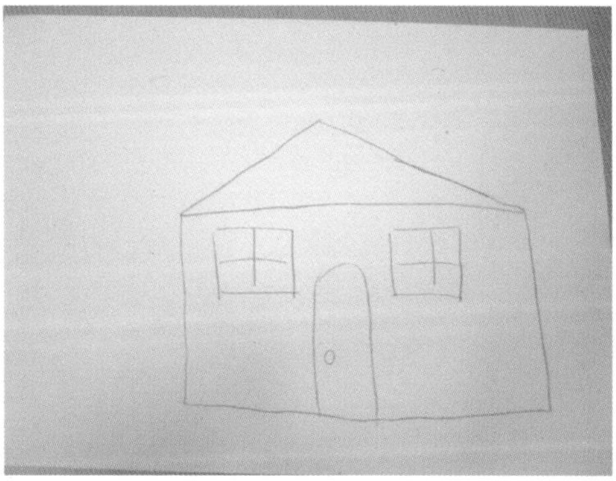

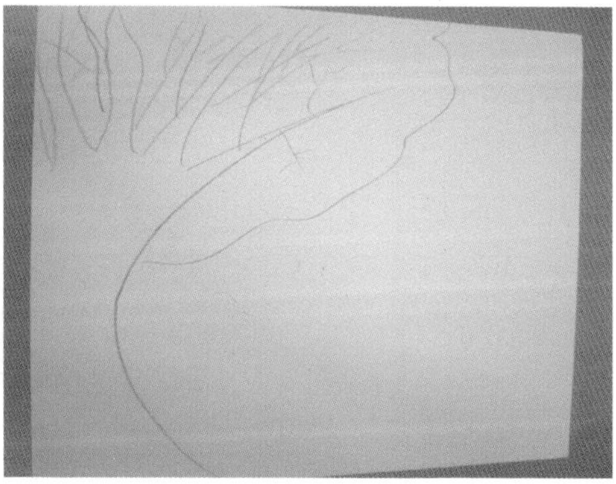

ⓒ 사람

• 여자(10세 정도)

상상 속의 인물이며, 웃음을 잃어버린 아이이다.

• 남자(13세 정도)

동화 속의 인물이며, 변하지 않는 아이이다. 선이 존재하는 세상에 있다.

ⓒ 동적 가족화

• 언니는 침대에서 웅크리고 앉아 있고, 내담자는 마구 먹고 있다고 한다.

• 암울하고, 10년 후에도 똑같을 것이라고 한다.

• 장래 돈 많이 버는 직업을 갖고 싶다고 한다.

 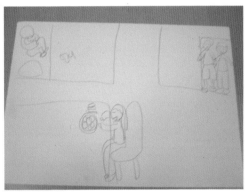

- 처음 선택한 소품: 이글루
- 놀이과정 및 행동관찰

※ 왼쪽에서 촬영

이글루를 가지고 와서 모래상자 옆에 놓고, 손으로 모래를 위로 옆으로 밀어낸 후 가져온 이글루 두 개를 놓는다. 얼음조각 두 개를 가지고 와서 이글루 문을 막는다. 자리에 앉은 후 손가락 사이로 모래를 흘리면서 계속 모래를 한 손으로 가지고 논다.

처음 오는 날부터 계속 울기만 하고 있다. 학교에서 따돌림을 당하고 있는 것 같아 죽고 싶다고 한다. 토요일 집에(창원) 갈 수 있도록 이모에게 허락을 받아 달라고 조른다.

- 내담자 표현 및 치료자 느낌

집에 가고 싶다고 흐느끼고 친구들도 보고 싶다고 한다. 가족들과 떨어져 집을 떠나온 지가 얼마 되지 않아 그런지 학교 적응을 어려워하고 있다. 그래서일까 마음은 온통 창원에 가 있는 듯하다. 아무래도 집을 다녀와야지 학교문제와 친구문제를 빨리 극복할 것 같아 이모에게 도움을 청하기로 한다.

마음이 얼어 있고 한쪽 이글루는 문이 닫혀 있어서 문을 열고 얼음을 녹이는 작업이 필요하다.

제3회기 내가 꿈꾸는 세계(2007. 4. 19. 18:00~18:50)

❖ 처음 선택한 소품: 집 세 채
❖ 놀이과정 및 행동관찰

※ 위쪽에서 촬영

집 세 채를 오른쪽 옆으로 나란히 놓고, 다시 네 개를 가지고 와서 나열한다. 흰색 주물 가든 테이블세트와 주물 그네를 놓고 테이블 위에 케이크 두 개를 놓는다. 낚시꾼들을 먼저 가지고 와서는 왼쪽 중간 부분의 모래를 조금 치우고 물가 주위에 낚시꾼들을 놓는다. 그 위쪽으로 시소 타는 인형, 결혼하는 인형을 놓고, 그 옆에 유모차 인형을 놓는다. 유니콘과 악기 든 소년 두 명을 위 중앙에서 오른쪽으로 놓는다. 교회를 집들 사이에 놓는다. 작은 유모차와 마리아를 가지고 와서 마리아는 교회 앞에, 유모차는 주물 그네와 악기 든 소녀 사이에 놓는다. 새를 안은 숙녀와 모자 든 숙녀를 아래 중앙에 놓는다. 집 하나를 위쪽으로 옮겨 놓고 물속에 불가사리와 물고기 두 마리를 놓고 마친다.

상자에 놓여진 장면을 만족하다는 표정으로 쳐다본다. 제목에서처럼 꿈을 꾸는 듯한 표정으로 '이런 세계가 내게도 올까요?'라고 묻는다. '물론'이라고 대답하고 그렇게 하기 위해서는 지금이 더 중요하다고 얘기해 주었다. 언니로 인해 가정이 파괴되어 다시는 옛날로 돌아갈 수 없을 것이라며 또 슬퍼한다.

⁝ 내담자 표현 및 치료자 느낌

집을 다녀와서 인지 표정이 조금은 밝아졌다. 내담자는 모래놀이보다 이야기를 더 하고 싶어 한다. 먼저 학교에서는 방송 반에서 책임을 맡고 있어서 인기가 좋았었다고 자랑하는 것으로 보아 현재 기대치보다 못한 자기 자신이 불만이 큰 것으로 보인다. 언니가 다음 주 수요일에 퇴원을 한다고 하면서 몹시 불안해하는 모습을 보인다.

⁝ 슈퍼바이저의 의견

낚시를 드리우고 음식을 놓았다. 전 회기에서 얼음을 깨고 나오려는 시도로 보인다.

제4회기 결혼식(2007. 4. 27. 17:50~18:30)

⁝ 처음 선택한 소품: 집 두 채
⁝ 놀이과정 및 행동관찰

※ 왼쪽에서 촬영

집 두 채를 오른쪽 면 부근에 놓는다. 항아리, 거울, 창호지를 바른 사방 등을 아래 중앙에 놓았다. 장승 한 쌍을 왼쪽 편에 밖을 향하게 놓았다. 초가 원두막을 오른쪽 위에 놓은 후 전통혼례장면을 연출하면서 위쪽으로 탈춤, 사물 놀이패 등 축제 분위기로 놓았다. 처녀 총각 등 한국 인형들을 모두 꺼내서 주위에 놓고 마지막으로 집을 오른쪽에 놓으면서 마무리한다.

모래놀이를 썩 좋아하지 않는 듯하다. 처음부터 이야기를 끝도 없이 하다가 진열장으로 가서는 한참을 관찰하더니 집 두 채를 들고 와서 시작을 했다. 시작할 때와는 달리 신바람이 나서 소품들을 꺼내 온다. 집을 끝으로 놓고는 '결혼식'이라고 말하고 흐뭇한 표정으로 상자 안을 보고 있다.

⁂ 내담자 표현 및 치료자 느낌

학교에서 친구들로부터 따돌림을 받는다는 이야기를 오늘은 하지 않는다. 학교 교우관계는 조금 나아진 듯하다. 어제 저녁에 사촌동생과 다투고 혼자 노래방에 가서 2시간 울면서 노래를 불렀다고 한다. 가족들과 떨어져서 서러움을 푼 듯하다. 놀이를 마치고 선생님과 삼겹살을 먹고 싶다고 먹으러 가자고 조른다. 벌써 몇 달째 먹고 싶은 것을 참았다고 돈은 자기가 내겠으니 같이 가자고 만 원권 두 장을 보인다. 마침 약속이 있던 친지가 방문해서 그 장면을 보더니 가자고 한다. 그렇게 먹고 싶었던 삼겹살을 맛있게 먹고는 '감사합니다.'를 몇 번이고 말한다. 자기 집 같았으면 내게 그렇게까지 조르진 않았을 것이고, 이모 집에 갔다면 저녁을 먹을 시간이었을 것이다. 내담자의 이런 모습이 너무도 안쓰럽다.

⁂ 슈퍼바이저의 의견

등불을 밝히고 어울리려고 한다.

❖ 처음 선택한 소품: 시계탑

❖ 놀이과정 및 행동관찰

※ 왼쪽에서 촬영

시계탑을 오른쪽 면 중간에 놓고, 시계탑 옆에 빨간 공중전화기를 놓는다. 머리 둘 달린 괴물을 위 중앙에 놓고, 시계탑 왼쪽 위에 집을 놓는다. 시계탑 옆에 교회를 놓는다. 크리스마스를 상징하는 꽃을 전화기와 집 옆에 놓고, 솔방울을 시계탑과 집 사이에 놓고 마친다.

지난 시간과 마찬가지로 처음부터 이야기를 끝도 없이 한다. 모래놀이를 권해 보았다. 그랬더니 진열장으로 가서는 새로 구입한 시계탑을 보더니 들고 와서 시작을 했다. 무의식적으로 골라 놓는 것 같다. 오른쪽 면만 놓고 끝을 맺었다. 제목도 놀이와 어울리지 않게 지었다. 그냥 자기의 이야기만을 들어 주기를 바랄 뿐인 것 같다.

❖ 내담자 표현 및 치료자 느낌

내담자가 지난주에 서울로 체험학습을 가게 되어 상담을 쉬었다. 두 주 만에 만나서 반가워하고 서울 다녀온 이야기, 언니가 퇴원해서 청주에 엄마와 다녀간 사건들을 한 번에 이야기한다. 언니와 밖에 나가는 것이 몹시 신경 쓰이고, 이곳 친구들이 알아볼까 봐 주위를 살폈다고 한다. 언니는 동생을 오랜만에 본다는 기쁨과 낯선 청주거리를 다녀 보고 싶은 서로 다른 생각들로 두 자매는 감정교류가 엇갈리고 있다. 언니 문제가 머리를 혼란하게 하는 듯 "머리에 쥐가 난다"는 표현을 자주 한다. 어떻게 도와주어야 할지 연구를 하고 있는 중이다.

❧ 슈퍼바이저의 의견

언니에 대한 연락이 오는 것을 두려워하고 있다. 전화기를 시계탑 앞쪽에 놓은 것은 무의식에서 언니의 소식이 알려지는 것을 두려워하는 장면이다.

제6회기 죽음(2007. 5. 17. 16:45~17:15)

❧ 처음 선택한 소품: 파라오
❧ 놀이과정 및 행동관찰

※ 왼쪽에서 촬영

파라오를 중앙에 눕혀 놓았다. 미라를 파라오 밑에 놓고, 머리 둘 달린 괴물을 왼쪽 아래에 괴물 하나는 왼쪽 위에 놓고 괴물들이 마주 보고 서도록 놓았다. 활 쏘는 병사 하나는 왼쪽 위 괴물 옆에 놓고, 하나는 파라오 머리 위쪽에 놓는다. 또

126

다른 전투사 하나를 괴물들 사이에 놓고 그 앞에 작은 인형 넷을 놓는다. 파라오 주변에 이집트인 남녀를 세우고 죽은 파라오를 위한 축제를 벌인 것이라 하며 마친다.

지난 월요일에는 상담하는 날도 아닌데 학교에서 연구실로 왔다. 다른 내담자가 끝나자 학교를 다니기 싫다고 많이 울었는데, 오늘도 같은 얘기로 시작해서 눈물을 펑펑 쏟는다. 잠시 후 진정하고는 소품을 생각 없는 사람처럼 가지고 온다. 내담자의 장례식이 축제처럼 되었고 괴물들은 전투사들의 싸움을 흥미롭게 보면서 죽음을 즐긴다고 한다.

❖ 내담자 표현 및 치료자 느낌

학교에 혹시 언니가 찾아오지 않을까 하는 두려움으로 불안해한다. 언니가 죽기를 바라는 듯한 메시지를 계속 보낸다. 수녀원이나 절에 들어갈 수 있는지를 묻는다. 이 내담자 입장에서 보면 절망뿐이다. 부모님 걱정으로 눈물을 흘리고, 자기의 앞날이 막막하다고 죽어야만 모든 것이 끝날 것 같다고 울고 또 울고 치료자도 죽음만을 생각하는 내담자를 보면서 스스로 마음을 정리하도록 기다리려고 한다.

❖ 슈퍼바이저의 의견

극적인 장면을 표현하였다. 투쟁을 한다. 잘 이겨낼 것이다.

❖ 처음 선택한 소품: 다리
❖ 놀이과정 및 행동관찰

울타리를 위에 놓고, 돌, 풀, 울타리들로 원을 만든다. 산을 울타리 안쪽 뒤에 놓고, 집을 울타리가 쳐져 있는 안쪽에 놓는다. 집 앞에 다리를 옮겨 놓고 마친다.

❖ 내담자 표현 및 치료자 느낌

일상으로부터 탈출하려고 한다. 모든 것이 자기 위주이기를 바라지만 그렇지 못한 것에 대한 불만도 커 보인다. 자기를 찾아 방황하는 시기가 오래될 것같이 느껴진다. '필요할 때만 차를 끌고 도시로 나간다.'는 표현은 외부와의 단절은 아니라는 메시지를 전하려고 한다는 생각이다.

❖ 슈퍼바이저의 의견

외부로 통하는 다리를 놓은 것이 마음은 열어 놓고 있다는 표현이다.

❖ 처음 선택한 소품: 집
❖ 놀이과정 및 행동관찰

❋ 왼쪽에서 촬영

초가집 두 채를 오른쪽에 놓고, 기와집을 작은 초가집 옆에 놓는다. 항아리를 오른쪽 아래에 놓고, 전통인형들을 집을 중심으로 놓는다. 도령과 낭자를 거리를 두고 마주 보게 놓고, 그 사이에 다듬이를 하는 인형을 놓고 마친다.

❖ 내담자 표현 및 치료자 느낌

오랜만에 와서 반가웠다. 또 불평부터 시작이지만, 불평의 강도가 낮아진 것으로 봐서 많이 좋아진 것 같다. 중3인데, 진로에 대한 걱정을 별로 하지 않는 듯하다. 언니 문제가 진로문제보다 큰 것일까? 상담실을 이모 집에서의 일탈로 찾아오는 것 같은 느낌이다. '도령과 낭자'라는 제목을 말하고는 웃고, 재음미하는 듯한 표정을 짓는다.

❖ 슈퍼바이저의 의견

도령과 낭자 사이에 장애물이 있다. 어린 시절 힘들었던 일을 표현하여 풀고 있다.

❖ 처음 선택한 소품: 시소 타는 소녀
❖ 놀이과정 및 행동관찰

시소 타는 소녀를 오른쪽 중간쯤에 놓는다. 악기 든 소녀 두 명은 앞을 보고, 풍선 든 인형을 시소 인형 위쪽에 놓는다. 마차 탄 부부는 중앙에서 왼쪽 위를 보게 비스듬히 놓고, 농부인형은 오른쪽 위에서 아래를 보게 놓고 마친다.

❖ 내담자 표현 및 치료자 느낌

우산을 접고 밝은 표정으로 들어선다. 오늘은 모래놀이를 의무적으로 하는 것 같다. 오른쪽에 인형 몇 개를 놓고 끝이라 한다. 아직 모래놀이의 감각을 못 느끼고 있는 듯하다. 그냥 아무거나 놓았다고, 흥미 없다는 메시지를 보내고 있다. 말로 맞장구쳐 주기만을 원하고 있다는 분위기이다. 다음부터는 패턴을 바꿔야 할 것 같은 생각이다. 부정적인 생각을 긍정적으로……

❖ 슈퍼바이저의 의견

학교생활에 적응하려고 한다.

❖ 처음 선택한 소품: 학사모 쓴 남녀 한 쌍
❖ 놀이과정 및 행동관찰

　학사모 쓴 남녀인형 한 쌍을 오른쪽에서 왼쪽을 향해 중간쯤에 놓는다. 집 두 채, 꽃바구니, 풍차집, 이층집(학교라고 함) 두 채를 학사모 뒤에 놓는다. 시계탑을 오른쪽 위 코너 부근에 놓고, 우승컵은 학사모 뒤에 놓는다. 집들을 시계탑 왼쪽에 놓고, 피에로들을 우승컵 아래에 나란히 놓는다. 인형들을 학사모 앞쪽에 놓고, 아기인형, 풍선 든 인형을 왼쪽 아래에 놓고 마친다.

❖ 내담자 표현 및 치료자 느낌

　지난주에 기말고사 준비관계로 두 주 만에 만났다. 오늘은 기분 좋은 표정이다.
T: "시험을 잘 봤나 보네?"
C: "네, 정말 기분 좋아요. 계속 성적이 상승세를 타네요. 전에 없던 일이에요!"
　계속 모래를 가지고 놀자는 말을 안 해도 신나게 갖다 놓는다. '졸업식'이라면서 우승컵은 졸업식 날 상을 받는 것이란다. 고등학교에 들어가는 장학금을 타겠다는 강한 의지를 보였다. 처음으로 판타스틱한 장면을 연출하였다. 얼마나 바라던 장면이었나! 감동스러웠다. 이제부터 모래놀이는 시작되는 것이다. 집에 태워다 주는 동안 계속 "왜 아이들이 시험을 못 봤을까?"를 되풀이하면서 웃고 있다. 내담자도 스스로가 대견한가 보다.

❖ 슈퍼바이저의 의견

첫 회기의 얼음이 녹아서 새로운 장을 펼치려고 한다.

> ### 제11회기 결혼식(2007. 7. 26. 14:20~15:10)

❖ 처음 선택한 소품: 처녀 총각 한 쌍
❖ 놀이과정 및 행동관찰

남녀 인형을 왼쪽에 안정적으로 자리 잡게 하고, 탈춤꾼들은 왼쪽 중간에 놓는다. 전통혼례를 하는 장면은 오른쪽 중간에 놓고, 신랑 신부 두 쌍은 중앙에 놓는다. 집들도 오른쪽으로 놓고, 원두막은 총각 위쪽에 놓는다. 항아리는 새신랑 위쪽에 놓고, 울타리를 가지고 와서 중앙 위, 아래에 치고, 아래 울타리 왼쪽 끝에 다리를 놓고 마친다.

❖ 내담자 표현 및 치료자 느낌

그동안 집에 가서 일주일을 놀고 왔다고 하는데 모래상자에서 보이는 장면은 마음은 고향집에 두고 온 것이 확연하게 나타난다. 또 향수병이 도질 것 같다. 학기말에 상을 두 개씩이나 타게 되어서 친구들이 놀랐다고 한다. 모래놀이는 망설임 없이 간단하게 마친다. 이야기를 즐긴다 했더니 글짓기상을 받았다고 한다. 다음 회기에 오면 축하 이벤트로 마음을 달래 주어야겠다.

❖ 슈퍼바이저의 의견

이제 교류가 시작되었다. 교우들과 어울리기 시작한다.

> **제12회기 행복한 가족(2007. 8. 3. 11:00~11:40)**

❖ 처음 선택한 소품: 프라이팬
❖ 놀이과정 및 행동관찰

프라이팬 오른쪽 중간에 케이크를 놓고, 비어 있는 유모차를 오른쪽 위에 놓는다. 집을 오른쪽 면 중간에 놓고, 아기가 있는 침대 둘은 오른쪽 아래에 놓는다.

풍선을 들고 있는 소녀, 시소 타는 소녀, 아기가 탄 유모차, 전화기, 피아노늘을 여기저기 놓는다. 악기 든 소녀 둘은 시소 위쪽에, 비어 있는 침대는 오른쪽 아래에 놓고, 새를 안고 있는 숙녀를 시소 아래쪽에 놓고 마친다.

❖ 내담자 표현 및 치료자 느낌

1학기를 좋은 성적으로 상까지 타고 마무리를 해서 그런지 쾌활하다. 피아노 치고, 춤추고, 먹고, 행복한 모습을 장면으로 꾸몄다. 왠지 무엇인가 빠진 듯한 느낌이 든다. 비어 있는 유모차와 침대 때문인지 모르겠다. 두 회기 정도 하는 것을 더 지켜보고 종결해야겠다. 2학기가 되면 고등학교 입학을 위한 집중 학습이 이루어져야 하기 때문에 방학 기간에 정리해 줄 필요가 있겠다는 생각에서이다.

❖ 슈퍼바이저의 의견

자아가 살아났다. 부쩍 성장한 모습이 표현되었다.

제13회기 축제(2007. 8. 9. 10:30~11:00)

❖ 처음 선택한 소품: 악기 든 네 소녀
❖ 놀이과정 및 행동관찰

악기 든 네 소녀를 오른쪽 중앙에 둥그렇게 놓고, 풍차집, 삼층집은 악기 든 소녀들 뒤에 놓는다. 검은색 기다란 기러기 한 쌍을 왼쪽 중앙에 놓고, 새장을 삼층집 밑에, 스키 타는 소년, 종치는 소년을 중앙에, 사람 탄 마차는 중앙 아래에 비스듬히 놓는다. 악기를 연주하는 철재인형들과 악기를 든 소녀들을 위, 아래로 놓고, 요리사는 중앙 아래에 놓는다. 왼쪽 가장자리를 파서 물을 만들고 중간에 다리를 비스듬히 놓고 검은 기러기를 물로 옮긴다. 물가 위쪽 모래에 나무 한 그루와 파라솔이 달린 야자나무를 놓고, 새장을 요리사 앞으로 옮기고 여러 채의 집들을 놓고 마친다.

❧ 치료자 느낌

C: "친구들을 못 만나서 심심해요!"라고 말하면서 어깨를 올린다.

T: "이 장면은 뭔데?"

C: "친구들하고 여행 가서 물가에서 축제하고 싶어서 놓아 봤어요!"

T: "잘됐다. 내가 같이 놀아 줄게. 여기서 놀면 축제를 다녀온 것이나 다름없을 테니까." 둘이서 마주 보고 웃었다. 내담자의 모습이 많이 가벼워진 모습이다. 그동안 문제들을 잘 극복하고 있는 것 같아 흐뭇한 마음이 앞선다.

❧ 슈퍼바이저의 의견

스스로 학교생활을 즐기는 단계에 있다.

❖ 처음 선택한 소품: 집
❖ 놀이과정 및 행동관찰

집들을 오른쪽에서 왼쪽으로 원을 그리듯이 놓는다. 우편함, 인형들을 한꺼번에 마구 들고 와서는 적당히 배치한다. 왼쪽으로 통로를 만들고 외부로 향하는 다리를 놓고, 집들이 있는 모래상자 위쪽에 울타리를 치고, 과일 파는 손수레 두 개를 놓고 마친다.

❖ 내담자 표현 및 치료자 느낌

T: "그동안 수고했어요."
C: "감사합니다!"
T: "성적이 많이 올라서 정말 기뻤어요!"라고 말하자 내담자는 웃는다.
오늘이 마지막이라 그런지 부담 없이 마구 놓은 것 같다. 평소 모래놀이를 어린 아이(초등생 정도)가 하는 것으로 생각하여 자존심이 상했던 것 같았다. 그렇지만 잘 따라 주었고 좋은 결과가 있어서 다행이었다. 오늘 종결하면서 안아 주고, 등 두들겨 주고 마칠 수 있게 되어 너무도 기쁜 마음이다.

❖ 슈퍼바이저의 의견

종결하기에는 조금 미흡하다. 몇 회기만이라도 더 했더라면 하는 아쉬움이 있다.

❖ 종합평가

처음에는 차가운 얼음을 놓고, 매 회기마다 눈물을 흘렸다. 학교 가기 싫다고 고집부리고, 불평불만 하고, 친구가 없어 외롭다고 하던 내담자가 성적이 무려 132등(중간고사 − 51, 학기말고사 − 71등)이나 올라가서 모두를 기쁘게 해 주었다. 10회기부터는 판타스틱한 장면들을 연출하면서 마음이 즐거워졌음을 보여주었다. '성공적인 사례'라고 스스로 평가를 해 본다.

4. 고집이 세요

⸬ 인적사항

1) 이름: 노공주(가명)
2) 나이: 10세
3) 학력: 초등 4학년 학생
4) 부모: 부 – 43세, 대졸, 회사원 모 – 43세, 대졸, 학원강사
5) 언니: 11세, 초등 5학년생

⸬ 문제력

외할머니의 갑작스런 죽음이 불안 심리로 나타난 것으로 보였다. 영화 '그놈 목소리'를 본 후 유괴되는 것에 대한 과도한 불안을 느끼고 있다. 미래에 대한 불안과 자신감 부족(감수성 예민)을 보였다.

⸬ 주 호소 문제 및 목표

1) 주 호소 문제

• 학교에서 친구들로부터 따돌림을 당할까 봐 몹시 불안해하고 있다.
• 격리 불안을 보이며 자신감이 결여되어 있다.
• 집에 가서 엄마가 없으면 우울하다고 한다.

2) 목표

• 자신감을 갖도록 돕고, 모로부터 독립하여 혼자 할 수 있도록 돕고자 한다.

▌ 심리검사 결과

• 평가도구: BGT, KPRC, HTP, KD, SCT

1) BGT결과분석

• 정상보다 높은 수준

2) KPRC(한국아동인성평정척도)분석결과

• 침착하고 신중한 편이며, 여러 가지 요소들이 고르게 갖추어져 있다.

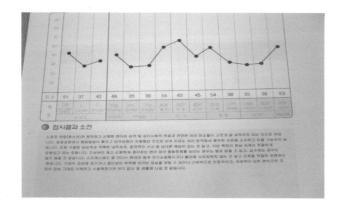

3) HTP, KFD

• 자신의 생각을 잘 표현한 것으로 보인다.

① HTP

㉠ 집(House)

• 지붕을 그물 모양으로 그린 것으로 보아 생각, 공상에 대한 과잉 통제

- 왼쪽 창문은 여성스러움을 나타낸다.
- 커튼이 있는 창문은 마음을 타인에게 완전히 오픈하지 않는다.
- 현관문에 경첩을 그린 경우는 의심이 많고 방어적이다.
- 동물을 사랑하고 상상력이 있다.

ⓒ 나무(Tree)

- 초등학교 아동이 그리는 대표적인 나무이다.
- 줄기의 옹이는 불안, 갈등을 나타내는 경우가 많다.
- 열매는 강한 의존 욕구(사과＝모성의 상징)를 나타낸다.
- 새 둥지는 새로운 것을 향한 출발을 시도한다.
- 잔가지가 없는 경우는 세부계획의 필요를 느끼지 못하고 있음을 뜻한다.

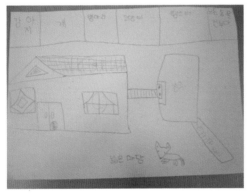 

ⓒ 사람(Person)
- 그림의 위치가 중심보다 위쪽인 경우는 부적합한 낙천주의이며 우유부단하고 다소 애정이 결핍된 것으로 보인다.
- 머리카락을 강조하는 경우는 자기애가 크다.
- 눈을 생략한 것은 무엇을 애써 찾으려 하지 않는 경향을 보인 것이다.
- 강아지를 크게 부각시킨 것은 퇴행하여 유아기에 머물고 있는 듯하다.
- 아빠의 영향력이 크게 느껴지지 못하는 경우인 듯하다.

② 동적 가족화(KFD – Kinetic Family Drawing)
- 가정의 중심을 자기로 보는 그림이다.
- 모의 영향력을 나타냈으나 자기중심인 경향을 강조하고 있다.
- 가족의 분위기는 역동적이지만 도사리고 있는 장애가 많음을 시사하고 있다.

4) 문장완성검사

⑪ 내가 제일 걱정하는 것은: 유괴범, 귀신, 선생님 폭력, 가족이 없어질까 봐

⑮ 내가 가장 싫어하는 사람(은): 유괴범, 남자 아저씨들

㉒ 여자 애들은: 같이 노는 좋은 친구지만 요즘엔 날 왕따시키려 한다.

㉔ 나의 좋은 점은: 울고 있는 친구들을 달래 주는 것

㉕ 나는 때때로: 무서운 일이 일어날 것 같은 생각이 난다(항상).

㉗ 가장 나쁜 비밀은 거북이에게 스트레스 주는 것(학교에 있는 애완동물)이다.

㉛ 나는 아이들이 만약 나를 왕따시킨다고 생각해 볼 때 겁이 난다.

㉝ 내가 꾼 꿈 중에서 제일 무서운 꿈은: 공룡과 로봇이 날 잡아가는 꿈

㊵ 내가 만일 동물로 변할 수 있다면 새가 되고 싶다. 왜냐하면 하늘을 날아
다니며 어디나 날아다닐 수 있기 때문이다.

❖ 슈퍼바이저의 전체적 의견(12회기까지)

모의 자립이 되지 않았다. 모로 인하여 가족 전체에 영향이 있다. 아이는 2세 정도로 퇴행, 구강기이다. 에너지의 흐름의 방향이 옳지 못하다. 어머니가 내적 분출을 그림자로 자녀에게 투사하여, 약한 자아가 자기화되지 못하여 아이는 분리불안, 공포 등을 느끼고 있다. 어머니의 상담이 일차적으로 이루어져야 할 사례이다.

> ## 제2회기 동물나라(2007. 5. 7. 17:15~18:00)

❖ 처음 선택한 소품: 초록색 펜스
❖ 놀이과정 및 행동관찰

사각모양의 초록 펜스를 왼쪽 아래 코너에 놓고, 돼지 두 마리를 펜스 안에 놓는다. 얼룩말, 남색으로 염색한 흰색을 오른쪽 아래에 놓고, 분홍나비를 왼쪽 중간에 놓는다. 나무 울타리를 모래 중앙에 둥그렇게 치고, 그 안에 사슴 두 마리, 어미젖소, 새끼젖소, 염소, 작은 캥거루, 양을 놓는다. 날개 달린 유니콘을 분홍색 나비 밑에 놓고, 파란색 나비와 베이지색 나비를 가지고 와 유니콘 양옆에 놓는다. 빨간 나비 한 마리는 상자 테두리에 놓는다. 곰을 오른쪽 위 코너에 놓고, 코끼리를 중앙 위에 놓는다. 어미 호랑이는 왼쪽의 분홍나비 옆에, 새끼 호랑이는 유니콘 앞에 놓고, 기린

142

은 중앙 아래에 놓았다. 소방관 아저씨는 얼룩말 위에 어부는 얼룩말 옆에 놓는다. 한참 앉았다가 코브라 한 쌍을 얼룩말 옆과 초록 펜스 위에, 지네를 호랑이 위쪽에 놓고 마쳤다. 동물들이 중앙에 울타리 주위를 도는 분위기를 연출한 것 같다. 자리에 앉은 후 손가락 사이로 모래를 흘리면서 계속 모래를 한 손으로 가지고 논다.

엄마와 떨어지려고 하지 않아서 엄마가 옆에 앉아 있다. 갈색 모래를 쓰다듬고 손가락 사이로 흘려 본다. 치료자와는 눈을 맞추지 않고 소품을 놓는다. 진열장을 관찰하면서 차분하게 진행한다. 엄마의 궁금증이 결과에 대한 질문을 조심스럽게 한다. 제목을 물어도 역시 말을 하지 않고 엄마만 쳐다본다.

❖ 내담자 표현 및 치료자 느낌

모의 걱정이 아이에게 이입되어 혼돈이 온 듯하다. 초등학교 4학년으로서 내면의 움직임이 이제부터 싹을 틔우기 위해 모가 말하는 예전과 다른 상황을 보이는 것이 아닌가 생각된다. 내담자의 치료자에 대한 관찰이 멈추었을 때 치료자는 말을 시작해야 될 것 같다.

❖ 슈퍼바이저의 의견

에너지는 많다. 중심부의 억압이 풀어야 할 과제이다.

❖ 처음 선택한 소품: 인형
❖ 놀이과정 및 행동관찰

※ 왼쪽에서 사진촬영

풍선을 든 인형을 왼쪽 아래 코너에, 그 위로 꽃바구니(도자기로 된) 놓고, 작은 요정을 풍선인형과 마주 보게 앞에 놓는다. 푸른 요정 왼편 중간에, 춤추는 귀부인 둘을 마주 보게 하고, 기도하는 소녀는 아래 중앙에 놓고 그 앞에 요정(마술을 하는)을 놓았다. 기도하는 소녀 위로 침대에 누운 아기인형을 놓고, 그 위로 요정, 빗자루 탄 마녀를 오른쪽 아래에 놓는다. 은빛나무를 놓고 그 위에 나비 두 마리를 앉히고 기도하는 소녀 아래에 나비 두 마리를 놓고, 기도하는 소녀 위로 십자가를 놓는다. 시소 인형을 중앙 상단, 아기인형 2개를 침대인형 양쪽에 놓고, 바이올린 켜는 인형을 오른쪽 위에, 귀신 인형을 빗자루 탄 마녀 앞에 놓는다. 푸른 사과나무와 작은 나무를 중앙에, 꽃을 중앙 위에 놓고, 유모차 인형과 사과나무 뒤에는 꽃을 왼쪽 위에 놓고 마친다.

빠른 움직임으로 놀이를 하여 따라 기록하기가 어려웠다. 주저하지 않고 착착 진행한다. 재음미를 통해 설명을 들었다.

144

내담자 표현 및 치료자 느낌

건강한 아동의 생각을 읽기가 어려웠다. 요즈음 컴퓨터 게임에 등장하는 캐릭터 등을 치료자가 읽어 내기가 쉽지 않은것 같다. 목소리가 너무 작아 몇 번이고 되물어야 하는 부분에서 신뢰를 잃을까 염려된다. 표정도 없고 눈 맞춤도 없다.

슈퍼바이저의 의견

왼쪽 상단의 차가운 부분이 아동이 해결해야 될 부분이다. 약한 'ego'가 의식의 영토를 확장하려고 시도하고 있다.

제4회기 풍차(2007. 5. 14. 17:30~18:10)

처음 선택한 소품: 풍차
놀이과정 및 행동관찰

아이 둘이 뽀뽀하는 풍차집을 오른쪽 위에, 다른 풍차집을 뽀뽀하는 풍차집 밑에 놓는다. 여러 집들을 가장자리 위, 아래에 둘씩, 작은 집은 풍차 사이에 놓는다. 강아지 집, 염소 집을 오른쪽 아래 위에 놓는다. 새가 있는 새장을 왼쪽 위 코너에 놓는다. 푸른 요정을 왼쪽 아래에 하나 왼쪽 가장자리 중간에 하나, 춤추는 귀부인 둘을 마주 보게 놓고, 악기 든 소녀는 중앙에, 담장에 걸쳐 서 있는 소년을 놓고 울타리를 친다. 울타리 밖에 요정과 여자인형 둘을 놓고, 나비를 상단에 있는 지붕과 아래 끝 모래 위에 놓고 마친다.

❖ 내담자 표현 및 치료자 느낌

이번 회기부터 엄마와 떨어져 혼자서 모래놀이를 하였다. 그렇다고 어떤 큰 변화가 일어났다거나 한 것이 아니라 엄마의 부탁을 들어주었을 뿐이었을 것이라는 느낌이 들었다. 내담자는 엄마보다는 아버지가 본인과 의사소통이 잘된다는 말을 해서 놀이장면에서 보여준 것을 다시 확인할 수 있었다. 언니에 대한 엄마의 큰 관심에 불만이 많아 스스로 침잠하려 한 듯하였다.

❖ 슈퍼바이저의 의견

다른 세계로 여행을 떠나려 한다.

▪ 처음 선택한 소품: 산호
▪ 놀이과정 및 행동관찰

　모래를 가지고 한참을 논다. 오른쪽의 모래를 왼쪽으로 밀고 산호를 오른쪽 아래 코너 부분에 놓고, 물고기 한 마리와 문어를 산호 위쪽에 놓는다. 거북과 돌고래를 바다에 놓고, 모래언덕에 게들과 거북이를 놓는다. 불가사리를 바다에 놓고, 언덕에 소라, 게, 큰 불가사리, 오징어, 작은 문어, 상어, 가오리 등 물고기 다수를 바다에 놓는다. 여자인형 네 명을 모래 언덕(누워 있는 인형은 선탠을 하고)에 놓고, 낚시 하는 인형을 바다 가장자리에 놓는다. 유니콘을 바다와 모래 경계에 모래 위로 비 상하듯 놓고, 러시아 인형을 왼쪽 가장자리 중간에 바다를 향해 놓는다. 범선을 바 다에 놓고, 돛단배는 모래 가장자리에 놓는다. 시소 타는 인형을 왼쪽 모래 위에 놓고 마쳤다.

▪ 내담자 표현 및 치료자 느낌

　조금은 익숙해진 듯하다. 모래를 가지고 여러 가지 모양을 만들면서 한참 놀았 다. 목소리도 약간 커졌다. 그렇지만 웃지는 않았다. 유니콘을 보고 '무슨 획기적인 사건이 있을 것 같다.'고 하니까 교내 장기자랑이 있는데 성악부분에 참가할 예정이란다. 좋은 결과가 있을 것 같다며 참관해도 좋겠느냐고 물었더니 고개를 끄덕였다. 관계형성이 조금씩 되어 가고 있는 것 같다.

❖ 슈퍼바이저의 의견

마음의 여행을 통해 자립심을 키우려 한다.

제6회기 시골풍경(2007. 5. 21. 17:45~18:20)

❖ 처음 선택한 소품: 울타리
❖ 놀이과정 및 행동관찰

※ 왼쪽에서 오른쪽 방향으로 촬영

148

왼쪽 아래 코너에서 모래를 부채꼴로 치우고 울타리를 가지고 와서 두 겹으로 친다. 물고기 두 마리를 물에 넣고, 거북 두 마리는 모래로 기어 올라가는 모습으로 놓는다. 흰 돌 두 개를 물에, 돌은 모래 위 울타리를 따라 다시 울타리를 친다. 초가집을 왼쪽 위에 놓고, 그 주위에 꽃나무 세 그루를 놓는다. 중앙 위쪽으로 기와집을 초가집과 나란히 될 수 있게 놓고 두 집 사이에 물지게를 놓는다. 오른쪽 아래에 나무 원두막, 그 위에 작은 초가 원두막, 주위에 방아 틀, 목재 펌프, 중앙 아래에 대나무 손수레를 놓는다. 키질하는 여자인형을 비롯한 우리 전통인형들을 여기저기 놓고 사슴, 말을 한 마리씩 인형들 사이에 놓는다. 맷돌 돌리는 여자를 작은 원두막에 놓고 마쳤다.

❖ 내담자 표현 및 치료자 느낌

웃지 않고, 인사를 할 때도 눈도 안 맞추면서 들어와서는 바로 진열장으로 간다. 다시 처음 상황으로 돌아간 듯하다. 빠른 손놀림으로 모래상자를 채운다. 무엇이 담을 이중 삼중으로 치도록 하는지 치료자의 숙제가 많은 것 같다. 모래놀이 후 어머니 상담을 통해서 내담자가 3학년까지는 매우 명랑하고 모든 일을 어머니께 의논하고 용돈도 맡기고 했는데 요즈음은 돈을 본인이 관리하겠다면서 십만 원씩 모아서 또래들이 즐겨 찾는 명품들을 사 모은다고 한다. 상담방향을 재조정해야 할 필요가 있겠다는 생각이 든다.

❖ 슈퍼바이저의 의견

능력은 있으나 억압을 뚫고 나가지 못하고 있다.

❖ 처음 선택한 소품: 빗자루, 쓰레받기

❖ 놀이과정 및 행동관찰

　　오른쪽 아래의 모래를 치우고 빗자루로 깨끗이 쓸고 모래언덕을 왼쪽에서 오른쪽으로 중앙에 두 개를 만든다. 왼쪽 아래 가장자리 봉우리에 낙타를 놓고, 남자 골절 인형을 오른쪽 물가 끝에 놓고 여자 골절 인형을 오른쪽 아래 물가에 앉히고, 손 든 인형을 남자인형과 또 다른 골절 여자인형 중간에 놓는다. 사과(노란)나무를 물 위쪽(오른쪽 위 코너 부근)에 놓고, 나무 두 그루를 사과나무 앞에 놓는다. 거미는 낙타 앞 봉우리에, 지네를 낙타 옆에, 노란 뱀은 지네 위쪽에서 사선으로 물로 향하게 놓는다. 쥐(흰, 회색) 두 마리는 상자 아래쪽에서 물이 있는 쪽으로 놓고, 자갈 몇 개를 모래에 듬성듬성 놓고, 흰 돌을 물가에 줄을 이어 놓는다. 가방 멘 남자아이를 왼쪽 위 코너에 놓고 그 옆에 장식품을 놓는다.

❖ 내담자 표현 및 치료자 느낌

　　날씨가 더워서 음료수를 주고 쉬게 했다. 지난 시간에 모래가 흩어져 엄마가 쓸어 넣는 것을 보더니 빗자루와 쓰레받기를 먼저 가지고 온 듯하다. 오아시스를 찾아가는 장면을 설계해 온 듯 모래언덕을 만들고 낙타를 찾았다. 손을 든 남자의 모습이 어울리지 않는 듯하여 물었더니 만화 '원피스'에서 나오는 선장인데 과일을 찾았다고 좋아하는 것이란다. 내담자는 만화, 동화 속의 캐릭터를 통해서 자기를 투사하고 있는 듯하다.

❖ 슈퍼바이저의 의견

오아시스는 눈에 보이지만 접근하기가 어렵다.

제8회기 공룡들의 습격(2007. 5. 28. 17:45~18:30)

❖ 처음 선택한 소품: 화산
❖ 놀이과정 및 행동관찰

화산을 오른쪽 아래 코너에 놓고 산을 가지고 와서 화산을 덮는다. 공룡들을 가지고 와서 대극으로도 놓고, 모래 전체에 펼쳐 놓는다. 공룡 알 두 개를 가지고 와 오른쪽 위 산 옆과 왼쪽 아래 코너에 각각 놓는다. 그리고 그 앞에 큰 공룡이 입을 벌려 금방이라도 잡아먹을 듯하게 연출한다. 악어도 입을 벌려 작은 공룡을 먹는 모습으로 놓는다. 작은 나무는 화산 옆 오른쪽 아래에 놓고, 큰 사과나무는 산 위쪽으로 놓는다. 위쪽 중앙에 조그만 호수를 만들어 물고기 한 마리를 가지고 와서 물 밖 모래에 놓고 마친다.

❖ 내담자 표현 및 치료자 느낌

강아지를 안고 골이 난 모습으로 들어온다. 어머니가 강아지를 밖으로 데리고 나가고 모래놀이를 시작했다. 화산을 놓더니 산을 가지고 와서 화산을 덮어 버린다. 화가 몹시 났다는 것을 보여주려는 듯 보였다. 아마도 오기 싫은 것을 억지로 온 모양 같았다. 공룡들이 배가 고파서 서로 잡아먹으려 한다고 말한다. 상자의 놓인 장면을 설명하면서 기분이 풀리는 듯 보였다.

❖ 슈퍼바이저의 의견

구강기적 퇴행이다. 내재된 분노를 분출하려 하지만 그렇게 하지 못한다. 불안, 공포가 어머니의 약한 자아상으로 인하여 영향을 받는다.

- 처음 선택한 소품: 이글루
- 놀이과정 및 행동관찰

　이글루 두 개를 왼쪽(모래를 왼쪽으로 몰아 놓고)에 놓고, 얼음 조각은 물 위에 띄워 놓는다. 고래, 물개(물개는 모래언덕에), 바다곰, 상어 등을 물에 넣었다. 바다표범은 얼음조각 위에 놓고 눈꽃 화분을 왼쪽 위 작은 이글루 위쪽에 놓는다. 문어, 가오리, 물고기, 불가사리 등도 물속에 넣는다. 이글루 앞에 산타, 그 앞에 눈의 여왕이 바다를 보게 놓는다. 인어공주는 중앙 위에(바다 위), 빗자루 탄 마녀를 인어공주와 마주 보게 앞에 놓는다. 동물들을 지켜준다는 요정을 큰 이글루 입구에 놓고, 겨울나무를 왼쪽 코너에 놓고 마친다.

- 내담자 표현 및 치료자 느낌

　KPRC검사 결과가 나와서 설명을 해 주었더니 이해가 빨랐다. 기분 좋은 일이 있었는지 손뼉을 치고 손가락을 튕기면서 즐겁게 놀이를 한다. 누군가(요정들)가 지켜준다는 표현을 잘하는 편이다. 특별히 요정들을 좋아하는 모습은 자기만의 힘으로는 안 된다는 메시지인지도 모르겠다.

슈퍼바이저의 의견

의식과 무의식의 교류가 춥고 차갑다. 마치 겨울 나라를 여행하고 있는 듯하다. 그곳에서 이글루 속에서 추운 어머니를 만나고, 눈의 여왕도 만났다. 요정이 동물은 지켜준다는 것은 스스로의 힘이 자아가 튼튼치 못해서 누구의 힘을 빌리는 것이다. 'ego'가 성장을 못 하고 있다.

제10회기 무도회(2007. 6. 11. 17:45~18:30)

처음 선택한 소품: 악기 든 소녀
놀이과정 및 행동관찰

악기 든 소녀 둘을 오른쪽으로 놓고 그 앞을 선을 그어 모래로 야간의 둑을 쌓아 경계를 만들고 다시 악기 든 소녀 둘을 한 줄로 세운다. 선 건너에 귀부인 네 명을 둘은 멀리 떨어지게 놓고, 둘은 반대 방향으로 놓고 한 명은 나가려 한다고 한다.

신데렐라, 잠자는 숲 속의 공주, 결혼하는 인형, 결혼하는 인형 한 쌍은 멀리 떨어져 마주 보게 놓고 그 사이에 아기인형들을 놓았다. 꽃나무들을 위, 아래에 꽂아 놓고 튤립은 경계선 뒤쪽에 놓고 악기 든 소녀들을 튤립 뒤에 줄지어 놓는다. 물동이 든 여자는 중앙 위 부근에 놓고, 하트모양을 안은 여자를 중앙 아래 부근에 오른쪽을 보게 놓는다. 피에로 인형 둘을 물동이 든 여자 양옆에, 꽃이 있는 화분을 아래에 놓고, 과일나무를 놓고 마친다.

❖ 내담자 표현 및 치료자 느낌

연구실에 들어서자마자 시작하려 한다. 마치 구상을 마치고 실행으로 옮기겠다는 무언의 움직임 같았다. 소녀악사들이 축하연을 해 주는 장면으로 표현했다. 내일 성악 콩쿠르에 나간다며 자신이 있어 보였다. 마치 대상을 받고 축하연을 연 듯한 느낌으로 구성하였다. 좋은 결과가 있기를 기대한다.

❖ 슈퍼바이저의 의견

추운 나라 여행에서 돌아와 몸을 녹이고 풀면서 축제를 벌이고 있다. 축제를 마치고 쉬고 싶어 한다.

제11회기 바닷가 여행(2007. 7. 2. 16:40~17:40)

❖ 처음 선택한 소품: 배
❖ 놀이과정 및 행동관찰

비로 깨끗이 오른쪽에서 왼쪽으로 쓸어 올린 후 배 한 척을 모래와 바다 경계에 놓고, 한 척은 바다 중간에 놓고 아기를 태운다. 거북이가 배로 올라가고, 기타 많은 장난감을 빠른 속도로 놓는다. 게, 아기상어, 아기물고기, 요정 등을 모래상자가 꽉 차서 빈틈이 없을 정도로 놓았다.

❖ 내담자 표현 및 치료자 느낌

학기말 시험 때문에 두 주일을 못 왔었다. 게, 아기상어들이 아기들에게 올라가는 모습이 어떤 의미가 있는지 궁금하여 물어보았다. "아기들은 무엇이 무서운 것인지를 모르기 때문에 모두 친구가 되어 즐겁게 논다."고 한다. 모자 쓴 요정이 지기이고, 요정들과 유니콘이 서로서로 깨끗한 마음으로 놀도록 돌봐주고 위험하거나 필요한 것이 있을 때는 이야기를 들어주고 원하는 것을 이루게 해 준다고 한다. 유아적 퇴행을 지켜보면서 한편 이 순수함이 지켜지기를 소원해 본다.

제12회기 동물원(2007. 7. 9. 16:20~17:00)

❖ 처음 선택한 소품: 여우
❖ 놀이과정 및 행동관찰

여우를 왼쪽 중앙에 오른쪽 아래에 소나무 놓고, 그 위에 판다를 올려놓는다. 꽃나무들을 왼쪽 아래에, 그 앞에 기린을, 왼쪽 중간에 물을 만들고 하마, 물고기, 코끼리 등을 놓는다. 여러 동물들을 모래 전체에 배열한다. 오른쪽 상단에 나무를 그 밑에 코알라, 새들을 나무 위에 놓고, 새 둥지도 나무 위에 놓는다. 돌을 모래 위 여기저기 놓고 마친다.

내담자 표현 및 치료자 느낌

동물원에서 동물들이 이야기하며 즐겁게 놀고 있는 풍경을 놓았다고 한다. 판다와 새들은 나무 위에서 동물들이 노는 모습을 지켜보면서 쉬고 있다고 한다. 작고 예쁘고 순한 동물들로만 모래상자를 구성하는 것으로 보면 심성이 곱고 여림을 잘 나타내고 있는 것 같다.

슈퍼바이저의 의견

11, 12회기는 영아기로 퇴행, 'ego'가 구분을 못 짓는다. 구강기에 머물고 있는 발달 초기의 상태이다. 분화되지 않아 동물, 파충류, 갑각류 등을 무의식에서 분리하여 놓을 수 없는 상태이다. 내담자 어머니가 유아기에 머물고 있기 때문인 것 같다. 먼저 어머니의 'ego'가 성장하여야 아이도 클 수 있다고 보이는 사례이다. 어머니의 상담이 선행되어야 하겠다.

❖ 처음 선택한 소품: 마리아

❖ 놀이과정 및 행동관찰

마리아를 오른쪽 가장자리 윗부분에 놓고, 예수님 둘을 그 아래에 나란히 놓는
다. 교황을 예수상 앞에 놓고, 그 앞에 기도하는 아이 둘을 놓는다. 아기천사들을 기
도하는 아이들 양옆에 놓는다. 십자가를 교황 뒤에 놓고, 예수 탄생을 기도하는 아이
들 뒤에 놓는다. 큰 교회와 작은 교회를 가지고 와서 위, 아래에 놓는다. 고양이에게
우유 먹이는 아이를 작은 교회 위에 놓고, 칼 든 천사를 큰 교회 아래에 놓는다. 악
기 든 소녀들을 오른쪽 아래에 둘을 놓고 오른쪽 위 코너에 놓는다. 왼쪽 모래를
치우고 오리들을 물에 띄우고 그 위에 다리를 놓는다. 분홍 드레스 입은 숙녀 넷을
가지고 와 둘을 다리 위에, 둘은 모래에 놓는다. 악기 든 소녀들을 놓고, 피아노를
큰 교회 앞에 놓는다. 차 타고 가는 도자기를 교황과 아기천사 인형 앞에 놓고, 칼
든 천사는 다리를 향하게 놓은 다음 물고기 한 마리를 호수 위쪽에 놓고 마친다.

❖ 내담자 표현 및 치료자 느낌

어제 친구들과 내담자의 생일파티를 해서 무리했는지 탈이 났단다. 모래놀이를

158

하고 싶어 했다고 어머니께서 말씀하신다. 성당의 한 장면을 연출하였다. 기도하는 아이들 앞에 놓아야 할 것 같은 십자가를 교황 뒤 보이지 않게 놓았고, 상자 밑에 있는 교회는 모래로 2/3를 덮었다. 밥을 두 끼나 먹지 못해서 기진맥진하여 묻는 것은 삼갔다. 모래상자에서 교회에 대한 부정적인 면이 보인 것 같았다.

제14회기 판타지(2007. 8. 1. 12:05~13:00)

❖ 처음 선택한 소품: 회전목마
❖ 놀이과정 및 행동관찰

회전목마를 꺼내서 상자 중앙에 놓고 피에로 인형들을 목마 양옆에 놓는다. 악기 든 소녀들을 목마 주위에 놓더니 인형들을 회전목마를 중심으로 갖다 놓는다. 유모차에 탄 아기들을 여러 군데에 흩어 놓고, 왼쪽 상단에 독수리, 세 귀퉁이에 나무를 놓는다.

❖ 내담자 표현 및 치료자 느낌

컨디션이 매우 양호한 상태였다. 회전목마에서 노래가 나오니까 퍽 신기해한다. 어머니가 모래놀이 상자를 보고 '판타지'라고 한다. 독수리를 가지고 한참을 논다.

모래놀이가 끝나도 갈 생각을 하지 않는다. '자장면'을 시켜서 먹고도 세 시간을 지나도 가지 않아 어머니가 친구와 약속이 있다고 하여 인사하고 엄마를 따라 간다. 이제는 웃고, 목소리도 커지고, 치료자와도 얘기를 잘해서 너무 귀엽고 예쁘다.

제15회기 산타월드(2007. 8. 6. 16:30~17:10)

⁑ 처음 선택한 소품: 독수리
⁑ 놀이과정 및 행동관찰

독수리를 가지고 와서 놀다가 상자 옆에 놓고 산타 다섯 명을 오른쪽으로 나란히 놓는다. 스키 타는 아이와 종 치는 아이를 위쪽에 마주 보게 놓는다. 크리스마스 꽃 두 개를 중앙 아래에 놓는다. 우체통을 중앙 위에 스키소년 뒤로 놓고, 그 앞에 가방 멘 소년을 놓는다. 작은 요정들을 중앙에 놓고 그 안에 풍선 든 아이를 놓는다. 유모차를 크리스마스 꽃 앞에 놓고, 고양이에게 우유 먹이는 아이를 그 위쪽 사선 방향으로 놓고, 그 사이에 상자 밖에 있던 독수리를 가져다 놓았다. 고깔모자는 왼쪽에 두 개를 옆으로 눕혀 놓고 새 둥지들(네 개)을 가져와 두 개는 고깔모자 안에 넣고, 다른 하나는 오른쪽 고양이에게 우유 먹이는 아이 뒤에 놓고, 마지막 하나는 오른쪽 아래에 놓는다. 아이스크림과 모자 든 숙녀를 고양이에게 우유 먹이는 아이 앞과 뒤에 놓는다. 기타 작은 인형들을 모래 위 이곳저곳에 놓고 신발을 산타 사이에 놓으면서 '산타월드'라며 마친다.

내담자 표현 및 치료자 느낌

C: "안녕하세요." 드디어 내담자가 웃으며 큰 소리로 말한다.

T: "○○야 오늘 인사했네." 하고 너무 반가워서 안아 주었다.

C: "어 아주 예쁜 요정이 있네."

T: "어제 네가 오늘 와서 보고 좋아할 것 같아 사 왔는데 바로 알아보네!"

우리는 통하는 것이 있는 것 같다. 모래상자에 '산타월드'를 놓으면서 항상 놓았던 추운 겨울나무를 빼고 크리스마스 상징 나무들을 놓았다. 마음이 녹고 있는 것이 보이기 시작한다.

제16회기 이웃나라(2007. 8. 21. 16:30~17:10)

처음 선택한 소품: 자판기
놀이과정 및 행동관찰

자판기를 왼쪽 위 코너에 놓는다. 운동선수들(축구, 야구, 농구, 럭비)을 사방 네 곳에 놓고 겨울아이들 네 명을 위쪽 중앙에 놓는다. 오른쪽 축구선수 옆에 아이 둘을 놓고, 자전거 위에 둘이 앉은 아이들을 놓는다. 물방울들을 상자 네 귀퉁이에 놓고, 천사들은 왼쪽 면에 놓는다. 키티 인형, 테디베어를 자리를 옮겨 가며 놓고, 백설공주와 일곱 난쟁이는 왼쪽 아래에 놓는다. 가로등(전지를 넣어 불이 들어옴) 아래 중앙에 놓고, 아래쪽 선베드에 코치를 앉혀 놓는다. 우편함을 가로등 오른쪽 옆 뒤쪽에 놓는다. 긴 의자는 오른쪽 면 중간에 놓고, 개구리와 풍뎅이가 있는 피겨를 겨울아이들 앞에 놓는다. 가운데를 정리하고 '환영'이라는 글씨를 썼다. 꽃바구니는 긴 의자 앞에 놓고, 얼음조각 두 개를 개 테디베어 앞에 놓고 마친다.

❖ 내담자 표현 및 치료자 느낌

피겨들을 둘러보고 새로운 것들만 골라 놓는다. 내담자와 치료자가 일치감을 느낄 정도로 뭔가가 척척 맞는 것 같아 분위기가 매우 좋다. 지난 회기에 밝은 표현으로 좋아진 듯 보였는데 이번 회기에 얼음조각을 다시 띄웠다. 펴 놓을 자리가 아님에도 얼음을 놓아 의아했다. 분위기와는 다르게 주제를 '이웃나라'라 말한다. 아직 많이 기다려야 될 것 같은 생각이 든다. '환영'이라는 의미를 주제에 붙인 것이 아닐까?

❖ 처음 선택한 소품: 과일 수레
❖ 놀이과정 및 행동관찰

　과일수레를 오른쪽 위 코너 부근에 놓고, 여자아이들 셋을 수레 앞에 놓는다. 자판기를 오른쪽 아래 코너에 놓고, 왼쪽 아래 코너 부근에 대나무 손수레를 놓고 그 위에 아이스크림을 놓는다. 왼쪽 아래에 주물 탁자세트를 놓고 옆에 가든 테이블 세트를 놓는다. 탁자와 테이블 위에는 케이크를 놓는다. 왼쪽 코너에 코끼리 세 마리를 놓고 그 앞에 울타리를 이중으로 친다. 모래 중앙에 앤티크 탁자와 의자를 놓고 그 위에 프라이팬을 놓는다. 마차, 소나무, 과일 나무 등을 울타리 주변에 놓는다. 울타리 안에 열대 나무들을 심고 코끼리 뒤쪽 구석에 샘을 만들고 가장자리에 보석을 두르고 모래에는 돌을 몇 개 놓았다. 종을 중앙 탁자 옆에 놓고 그 옆에 십자가를 놓는다. 오른쪽 아래에 그네를 놓고 남녀 두 사람을 태우고, 시소 타는 소녀를 오른쪽 돌을 여기저기 던져 놓고, 남자아이 둘을 왼쪽·위로 놓고 마친다.

❖ 내담자 표현 및 치료자 느낌

　학교 행사, 여행, 상담자와의 시간이 맞지 않아 50여 일 만에 상담실을 찾았다.

새로운 피겨들을 찾아내고 즐겁게 놀이를 한다. 코끼리는 대공원에서 코끼리 쇼를 본 것이 기억에 남아 놓았다고 말한다. 너무 많은 것을 상자에 놓는 습관은 여전하다. 욕심이 많은 탓도 있겠지만 정서적 안정도가 낮은 것이 아닌가 하는 생각을 해 본다.

❖ 종합평가

17회기를 마치고 부모님의 해외(독일) 단기 파견근무로 인해 미완성으로 종결하게 된 사례이다. 내담 아동이 어머니와의 분리, 정서적으로 안정적이지 못한 상태에서 외국으로 떠나게 되어 무척 걱정을 많이 하셨다. 외국을 나녀온 후 다시 연구실을 찾겠다고 하여 환경이 바뀌게 되면 성숙해질 것이라고 안심시켰다. 많은 재능과 잠재력을 가지고 있는 내담 아동이 돌아왔을 때는 몰라보게 몸과 마음이 성장하기를 바란다.

5. 수녀님이 정말 오세요

인적사항

1) 이름: 이태양(가명)
2) 나이: 9세
3) 학력: 초등 3학년 학생
4) 보모: 37세, 고졸, 생활지도사
5) 주소: ○○○ 아동복지시설

가족력

미혼모의 아동이다. 아동복지시설에서 보모 수녀님들에 의해 양육되고 있다. 아동복지 시설내의 형들과 또래, 동생들과 공동생활을 하고 있다. 한 번 입양된 적이 있다.

주 호소 문제 및 목표

1) 주 호소 문제

• 어머니에 대한 갈등이 있다.
• 한 번 입양됐다가 버려진 적이 있어 심리적으로 매우 불안해하고 있다.
• 학업성적이 많이 뒤처져 있고, 산만하다.
• 같은 반 학부모로부터 문제 제기가 되어 상담을 오게 되었다.

2) 목표

• 보살펴 주시는 분과 수녀님들께서 다시 떼어 놓지 않을 것이라는 믿음을 주고, 심리적 안정을 할 수 있도록 도와주고자 한다.

✦ 심리검사 결과

· 평가도구: BGT, KPRC, HTP, KFD, SCT

1) BGT 결과분석

• 정상보다 낮은 수준

2) KPRC 분석결과

• 대체로 자신감이 부족하고, 긴장 수준이 높다.
• 스트레스를 적절히 풀지를 못하고 정서적 안정이 되어 있지 않은 편이다.

3) HTP, KFD

• 표현력이 부족, 환경에서 오는 것으로 사료된다.

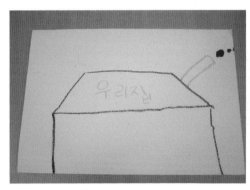 

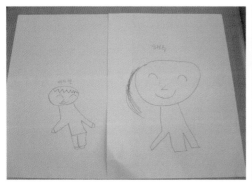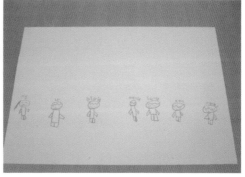

4) KPRC 분석결과

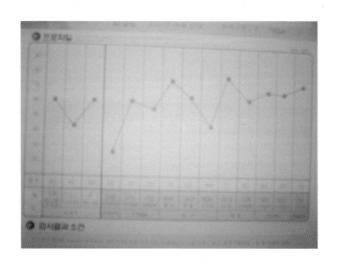

5) 문장완성검사

③ 내가 가장 행복한 때는: 2학년 때 가족 나들이 갔을 때

⑦ 다른 사람들은 나를: 싫어해요.

⑩ 나에게 가장 좋았던 일은: 외식 나갈 때

⑯ 우리 아빠는: 응답하지 않음

㉖ 가장 좋은 비밀은: 보모나 수녀님과 외출할 때이다.

㉗ 가장 나쁜 비밀은: 형들만 어디 데려갈 때이다.

㊲ 나는 커서: 소방관, 수사님이 되고 싶다. 왜냐하면 불이 나면 불을 꺼 주고,

힘든 사람을 도와주려고

㊳ 내 소원이 마음대로 이루어진다면: 첫째 소원은 부자가 되는 것, 둘째 소원은 죽어서 꼭 천국 가는 것

제2회기 자동차 경주(2007. 5. 30. 16:45~17:15)

‣ 처음 선택한 소품: 작은 차
‣ 놀이과정 및 행동관찰

※ 위에서 아래로 촬영

미니 자동차 여섯 대를 아래에 한 줄로 놓는다. 공사장 차를 가지고 와서 모래를 치우고 길을 만든다. 공사가 끝났다고 공사장 차들을 옆으로 이동 시켰다가 모두 모래에서 꺼내 제자리에 놓았다. 미니 자동차를 한 대씩 모래에 묻으면서 무덤 속으로 사라졌다고 한다. 그중 두 대를 꺼내서 천국으로 사라졌다고 한다. 모두 꺼낸다. 다시 경찰차, 미니 소방차 등을 일렬로 세우고 마친다.

처음 모래놀이치료실을 보더니 매우 신기해한다. 하지만 그것은 잠깐, 두리번거리며 불안해한다. 수녀님께서 아이들을 놓고 장 보러 가셨다.

C: '수녀님 언제 오세요?'

C: '우리 두고 가신 것은 아니지요?'

C: '정말 우리를 데리러 오시죠?' 계속 밖을 내다보면서 시계를 본다.

🔹 내담자 표현 및 치료자 느낌

  입양되었다가 버려진 경험이 심한 불리 불안과 공포를 낳게 한 듯했다. 정서가 안정되어 있지 않은 것에 대해서 '정말 도움이 필요한 아이구나.' 하고 느낌이 든다. 놀이 도중 새로운 장난감을 꺼낼 때마다 나와 눈이 마주치며 치료자의 눈으로 허락이 되면 상자에 놓았다. 산만하고 학업성적이 뒤떨어지는 관계로 담임교사로부터, 또는 시설의 보모로부터 제지를 많이 당하는 것 같다. 이 모래놀이를 통해 그러한 상황에서 이완되도록 도움을 주어야겠다는 생각을 해 본다.

제3회기 공연장(2007. 6. 13. 17:10~17:50)

🔹 처음 선택한 소품: 목마
🔹 놀이과정 및 행동관찰

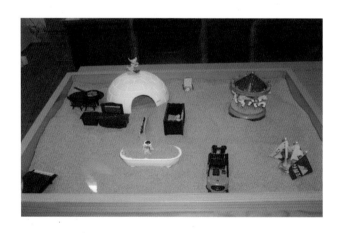

  회전목마에서 나오는 노래를 틀면서 회전목마를 오른쪽 위에 놓고 이글루는 왼쪽 위에, 국기는 오른쪽 아래에 놓는다. 백설공주를 이글루 속에 넣고, 마녀가 사과를 백설공주에게 먹여서 죽었다고 침대를 놓고 그 위에 눕히고, 왕자를 침대 옆에 놓는다. 이글루를 큰 것으로 바꾸고 욕조를 이글루 속에 넣고는 갑자기 이글루가 마녀의 집으로 변했다고 한다. 프라이팬, 술, 식탁, 화장대, 서랍장 등을 이글루 옆에 놓고, 피아노는 왼쪽 아래 코너에 놓는다. 이글루에서 나쁜 여왕을 꺼내 놓고 욕조에 모래를 부었다. 의자 등을 놓고 흔들의자에 백설공주를 앉히고 지게차를 가지고 모래를 젓고 침대에 모래를 붓는 것으로 마친다.

❖ 내담자 표현 및 치료자 느낌

오늘은 기사분이 혼자 아이들 둘을 데리고 오셔서 청주에서 볼일을 보시고 오겠다고 가셨다. 아이들은 기사분을 '삼촌'이라 부른다. 모래놀이를 하면서 새로운 피겨를 꺼낼 때마다 치료자를 보면서 눈치를 살핀다. 화장실을 자주 가고, 밖을 자주 내다본다. 내담자는 불안의 연속이다. 치료의 시간이 오래 걸릴 것 같다.

제4회기 광장(2007. 6. 20. 16:50~17:40)

❖ 처음 선택한 소품: 캐릭터 인형
❖ 놀이과정 및 행동관찰

캐릭터 인형을 진열장에서 모래상자에 넣고, 비행기, 자동차, 경찰차, 주유소 등을 마구 갖다 놓는다. 통제가 불가능하며 산만한 행동을 하여 제지시켰지만 별로 효과가 없었다. 풍차집을 놓고 장구를 친다.

📍 내담자 표현 및 치료자 느낌

아이들이 있는 기관에서 다른 분들이 모래놀이를 보기 위해 오신 때문인지 통제가 되지 않아 다음 시간에는 잘하겠다는 약속을 받았다. 아직은 적응 기간으로 볼 수도 있겠다 싶었다. 장난감들을 이것저것 너무 산만하게 다룬다. 놀이하다 다른 것을 만지기도 하고, 전혀 엉뚱한 행동도 한다.

시설에서 이곳에 오는 것을 특권으로 생각하는 것 같다. 치료자의 인내가 많이 요구된다. 적응기간이 10회기 정도는 지나야 할 것 같다.

제5회기 결혼식장(2007. 6. 27. 17:10~17:50)

📍 처음 선택한 소품: 모종삽 등
📍 놀이과정 및 행동관찰

모종삽 종류를 모두 가지고 모래에서 논다. 모래로 산을 만들었다 허물고 다시 모래 산을 만들었다. 모형 카메라를 들여다보다 제자리에 놓고, 정수기 통 두 개를 각각 떨어뜨려 놓는다. 결혼하는 인형을 상자 앞쪽에 세우고 모래로 완전히 덮어 무덤처럼 만들고, 울타리로 무덤 둘레를 동그랗게 치는 것으로 마친다.

내담자 표현 및 치료자 느낌

같이 온 동생이 먼저 놀이를 하는 동안 가져온 학습지를 하면서 기다리게 하였다. 집중력이 대단하다. 공부도 훈련이고, 모든 행동도 학습된다고 본다면 이 아이는 올바른 지도를 받게 되면 가능성이 있다고 보였다. 모래상자에 결혼식을 하는 인형을 묻고 무덤을 만들어 '결혼식장'이라고 하고 모래 안에서 면사포 쓴 인형을 꺼내는 것을 보신 시설의 삼촌이 깜짝 놀라신다. 그러한 장면들을 가슴에 묻고 모래에 묻고 하는 과정을 통해 치유된다면 좋은 현상일 것이라 생각된다.

제6회기 바닷가(2007. 7. 4. 16:30~17:20)

처음 선택한 소품: 해마
놀이과정 및 행동관찰

해마를 가지고 와서 한참을 관찰하더니 물고기들을 모래 위에 놓았다. 작은 물고기들만을 가지고 와서 몇몇은 제자리에 다시 가져다 놓고, 나머지 물고기들을 여기저기 놓더니 마쳤다고 한다. 블록을 가지고 놀기 위해서 대충하는 모습이다.

T: "바다에 물이 없어서 물고기들이 죽겠네!"

C: "아 참! 물을 만들어야 되겠네요. 하마는 바다에 안 살아서 따로 물을 만들어야 돼지요?" "무엇이 또 있어야 될까요?" 다시 묻는다.

C: "글쎄, 바닷가 풍경을 생각해 봐."

❖ 내담자 표현 및 치료자 느낌

의자에 앉는 태도, 언어의 선택 등 모든 부분에서 너무 거칠다. 같이 온 기사님께 무례하게 행동한다. 모래놀이도 중요하지만 기본생활습관부터 시작해야 될 것 같다. 정서, 주의산만, 학업부진 이 모든 것들이 제자리를 잡으려면 많은 시간이 요구될 것 같다. 상상력을 풍부하게 하기 위해서 방학을 이용해 책을 읽도록 권해야 될 것 같고, 책을 통해 가슴에 감정도 쌓아야 될 듯하다.

제7회기 공룡나라(2007. 7. 11. 16:5~16:35)

❖ 처음 선택한 소품: 새끼 공룡
❖ 놀이과정 및 행동관찰

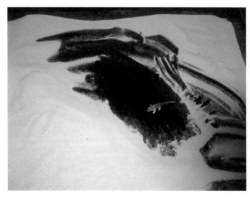

새끼공룡들을 무더기로 모래에 던져 놓고는 오른쪽 아래에서부터 정리한다. 양손에 공룡 한 마리씩 들고 싸움을 열심히 하고 한쪽이 죽었다고 모래에 묻는다. 같은 동작을 한참 하고는 대장 한 마리만 남기고는 모두 모래에 묻고 무덤을 만든다. 잠시 후 묻은 공룡들을 살린다. 다시 살아난 공룡들을 상자 모서리에 올려놓고 그 위에서 다시 싸운다고 한다. 모래에는 대장 공룡 한 마리가 지켜보고 있다고 하며 마친다.

❖ 내담자 표현 및 치료자 느낌

새끼공룡을 가지고 싸우면서 내면의 갈등을 스스로 풀고 있는 듯하다. 모래놀이 과정 중 모래에 장난감을 묻는 작업을 많이 하는 편이다. 무엇을 그렇게 묻을까? 좋은 현상으로 보인다. 모든 것들을 자꾸 묻어야 새로운 싹을 틔울 수 있기 때문이다.

제8회기 동물나라(2007. 7. 16. 16:30~17:00)

❖ 처음 선택한 소품: 돼지
❖ 놀이과정 및 행동관찰

돼지가족을 왼쪽 아래에 놓고 작은 동물 여러 마리를 모래 오른쪽에 가져다 놓는다. 모래에 같은 종류끼리 분류하여 배치하고, 기린은 풀을 먹는다고 나무를 놓

으려다 치우기 귀찮다고 놓지 않았다. 사자를 중앙에 놓고, 얼룩말을 상자 중앙 위쪽에 놓고 마친다. 블록을 가지고 놀려는 욕심으로 모래놀이를 대충 하고 마친 것 같다.

❖ 내담자 표현 및 치료자 느낌

비가 오는데 먼 길을 왔다. 지난주에 블록놀이를 약속했기 때문에 오늘은 약속을 지키기로 하고 모래놀이를 시작했다. 그것을 빨리하고 싶은 욕심 때문인지 짧게 대충하고 마무리했다. 그러나 이 아동은 무엇을 지속적으로 끌고 나가는 힘이 부족하여 블록놀이도 잠시, 다른 것들에 이것저것 손을 댄다. 이 부분도 도와주어야겠다는 생각이 든다. 차분히 차근차근 풀어 나아가야 되겠다.

> ### 제9회기 새들(2007. 8. 1. 15:30~16:00)

❖ 처음 선택한 소품: 독수리
❖ 놀이과정 및 행동관찰

※ 위에서 아래로 촬영

독수리 두 마리를 아래쪽에 놓고, 흰 구슬 두 개를 독수리 앞에 놓았다가 치운다. 참새를 독수리 사이에 놓고, 앵무새를 독수리 오른쪽 옆으로 놓는다. 오리 새끼를 앵무새 옆에 놓고, 새 둥지는 독수리 왼쪽 옆에 놓는다. 어미 오리는 새 둥지 옆에 놓고, 그 옆에 병아리를 놓고 마친다.

▓ 내담자 표현 및 치료자 느낌

'델타샌드'를 먼저 하였다. 단순히 만지고 모양 몇 개를 찍어 보고는 싫증을 낸다. 매번 궁금증만 풀리면 중지한다. 더 발전시키려는 의지나 집중, 몰입하려 하지 않고 또 다른 새로운 것을 찾고 있다. 시설 아동들의 부족한 부분인 애착형성에서부터 풀어야 될 것 같다. 텅 빈 모래밭을 새들이 바라보고 있는 모습에서 앞으로의 비상을 꿈꿔 본다.

제10회기 모래시계(2007. 8. 22. 14:30~15:00)

▓ 처음 선택한 소품: 의자
▓ 놀이과정과 행동관찰

앉아서 자동차를 가지고 한참을 논다. 선베드를 중앙에 놓고 별을 놓았다가 치운다. 펭귄을 선베드 앞에 놓고 아래쪽에 모래를 치우고 자동차를 놓았다가 왼쪽으로 밀어 놓는다. 주유소를 선베드 왼쪽 옆에 놓고, 카메라를 나무자동차 화물칸에 놓았다가 내려놓는다. 비디오카메라를 주유소 앞에 놓고, 차에 모래를 싣고 달린다고 하면서 끌고 다닌다. 삽으로 모래를 다듬고, 청소기를 가지고 청소를 하더니 모래시계를 선베드 앞에 놓고 마친다.

❖ 내담자 표현 및 치료자 느낌

모든 것을 점검하듯 들여다본다. 모래를 가지고 잘 논다. 모래시계를 놓더니 "이것이 다 내려가면 끝낼 거예요."라고 하면서 중앙에 놓는다. 시간에 쫓기는 아이처럼 늘 시계를 본다. 시설에서 오는 거리가 멀어서 그럴 것이라고 생각하지만 아직 이곳에 적응이 덜 되어서 그럴 것 같다는 생각이 든다.

제11회기 물레(2007. 8. 29. 15:10~16:00)

❖ 처음 선택한 소품: 주사기 두 개
❖ 놀이과정 및 행동관찰

주사기 두 개를 가지고 모래를 넣어가지고 논다. 절구를 가지고 와서 모래를 넣고 찧는다. 정수기며 소화기 등, 불이 들어오는 것들을 모래를 치우고 놓는다. 물레를 절구 오른쪽 옆으로 놓고 모래를 뿌려 가며 돌리고 노는 것으로 마친다.

❖ 내담자 표현 및 치료자 느낌

항상 불안해하고 두리번거린다. 같은 시설에서 온 동생에게 "넌 무얼 놓니?" 하고 묻는다. 관찰하고 놓고, 들여다보고 놓기를 계속한다. 자신 있게 놓은 적이 없다. 항상 불안하고 의심스러워한다. 기사가(삼촌) 있는 것을 항상 눈으로 확인하며 모래놀이를 한다. 물레에 모래를 뿌리며 돌린다. 실타래를 어디서부터 풀어야 할지 먼 길을 가야 할 것 같다.

제12회기 자동차(2007. 9. 5. 16:00~16:40)

❖ 처음 선택한 소품: 자동차
❖ 놀이과정 및 행동관찰

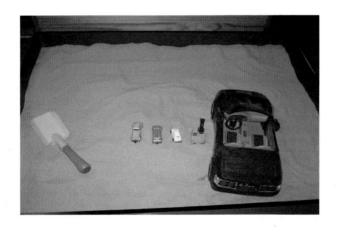

미니 자동차 세 대를 중앙에 나란히 놓는다. 포클레인으로 모래를 파다가 미니차 옆에 놓는다. 커다란 자동차를 모래상자에서 여기저기 굴리면서 모래를 실었다 쏟았다를 반복하면서 한참을 놀다가 차들과 나란히 놓는다. 삽으로 모래를 퍼 나른다. 상자를 정리하고 마친다.

178

내담자 표현 및 치료자 느낌

피겨를 다양하게 쓰지를 않고 표정도 메말라 있고 언어도 거칠다. 냉랭하면서도 궁금한 것이 많고 도전적인 자세를 취한다. 치료자와의 라포가 형성되지 않은 것 같다. 마음의 문이 너무 굳게 닫혀 있다. 행동을 천천히 시작할 모양이다.

제13회기 우주(2007. 9. 13. 16:10~16:40)

처음 선택한 소품: 골프 치는 여자
놀이과정 및 행동관찰

골프 치는 여자를 중앙에 위를 향해 놓는다. 가로등에 불을 켜서 골퍼 오른쪽 모래에 안전하게 세운다. 삽을 아래에 놓고, 굴삭기를 골퍼 뒤쪽에 놓는다. 약병을 왼쪽 아랫면에 한 줄로 놓고, 지구본을 그 앞에 놓고는 각 나라들을 찾으면서 노는 것으로 마친다.

❖ 내담자 표현 및 치료자 느낌

　아이는 삽을 자주 등장시킨다. 간단하게 상자에 장면을 표현해도 상징성은 크게 느껴진다. 약병들을 놓아 치료적 의미를 주고, 불을 밝혀 내면의 자아를 비춰 보면서 자기를 키우려는 시도를 하고 있는 것 같다.

제14회기 블록놀이(2007. 9. 19. 16:10~16:40)

❖ 처음 선택한 소품: 블록
❖ 놀이과정 및 행동관찰

　모래놀이를 안 하고 싶다고 블록을 가지고 왔다. 작품을 만들기 싫어한다.

❖ 내담자 표현 및 치료자 느낌

　워낙 실증을 잘 내어 무엇을 오래 하지 못하고 이것저것 조금씩 만진다. 안정적이지도 못하고 두리번거리면서 불안한 모습을 계속 보이며 치료자를 쳐다본다. 어떻게 도와주어야 할지 계속 노력 중이다.

- ❖ 처음 선택한 소품: 집
- ❖ 놀이과정 및 행동관찰

집 세트를 가지고 같이 온 동생과 같이 작업을 한다. 피겨들을 계속 처음 보았다고 한다. 아직까지는 별로 관심이 없어서 무엇이 있는지조차 알지 못하고 있었다는 얘기가 된다. 지금부터 진짜 모래놀이가 시작되고 있는 것이다.

❖ 내담자 표현 및 치료자 느낌

지금까지 좋은 것도 없고 흥미도 없고 그저 데리고 오니까 하고 끝났으니까 가고 했던 것 같다. 이제부터 정식으로 모래놀이가 시작될 것 같으나 지켜보아야겠다.

제16회기 우리 집(2007. 10. 10. 15:40~16:30)

❖ 처음 선택한 소품: 집
❖ 놀이과정 및 행동관찰

집 세트를 가지고 같이 온 동생과 합동작업을 한다. 일층과 이층으로 나누어서 꾸미기로 하고 각자 소품들을 나른다. 역시 일찍 마친다. 뜰에 잔디나 꽃을 심으라고 해도 싫다고 한다. 십자가를 이층에 놓고 기도실을 만들고는 마친다.

❖ 내담자 표현 및 치료자 느낌

조금 발전한 모습을 보인다. 그러나 잔디나 꽃 심기를 거절한다. 마음의 문은 아직 열지 못하고 있는 것 같다.

- 처음 선택한 소품: 피아노
- 내담자 표현 및 치료자 느낌

장난감 피아노를 가지고 놀더니 모래놀이를 하지 않겠다고 해서 색채치료자료를 주었다. 많이 차분해진 것을 볼 수 있었다. 처음 작품을 보여주고 비교시켰는데, 변화를 보고 본인도 매우 흡족해하는 모습을 보였다. 그리고 기사(삼촌)를 찾는 것이 많이 줄었다.

🎀 처음 선택한 소품: 쓰레받기
🎀 놀이과정 및 행동관찰

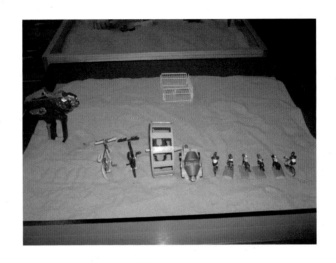

쓰레받기로 모래를 다듬는다. 자전거 타는 사람, 말 타는 기수, 레미콘 등을 상자 아래에 일렬로 놓고, 원 안에 오토바이맨이 있는 피겨를 바닥에서 굴리고 놀다가 줄을 지어 놓는다. 레이저 총을 왼쪽 중간에 놓으면서 경기할 때 쏘는 것이라고 한다. 초록색 펜스를 위 중앙에 놓고 반환점이라고 하고 그 안에 작은 오리를 넣는다. 돼지 저금통 칠하기를 조용히 한다.

🎀 내담자 표현 및 치료자의 느낌

'치료자와의 신뢰가 형성되고 있구나!' 하는 느낌을 받는다. 이전보다 더 차분해지고, 기자(삼촌)과의 분리가 이루어지고 있었다. 모래도 차분하게 정리를 한다. 처음에 밖을 나가려고 하기도 하고, 모래놀이도 거절하고, 모래를 상자 밖으로 흩트려 놓기도 하여 기다리기로 하였다. 학교생활, 시설에서의 생활에서도 싸움을 거의 하지 않고, 반항적인 모습을 거의 보이지 않는다고 한다. 진정 마음으로 포용하고 있음을 알아주기 시작한 것 같아 기뻤다.

❖ 처음 선택한 소품: 트랙터
❖ 놀이과정 및 행동관찰

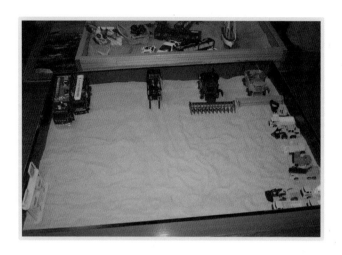

트랙터 두 대를 가지고 모래에 놓는다. 작업용 차량들을 피겨장에서 모두 꺼내와서 상자 안에 여기저기 놓고 모래를 헤치며 한참을 놀더니 상자 가장자리에 세우고 다 놀았다고 한다.

❖ 내담자 표현 및 치료자의 느낌

먼 길을 오면서 차 안에서 자고 온 모양이다. 표정이 없이 들어선다. 의자에서 쉬면서 간식을 먹게 하였다. 좋은 컨디션은 아니지만 모래놀이를 한다고 하여서 하도록 하였다. 의미 없는 놀이를 하고 있는 듯 보였다. 이야기를 하고 싶지 않은 것 같아 쉬도록 하였다.

❖ 처음 선택한 소품: 시계탑
❖ 놀이과정 및 행동관찰

시계탑을 오른쪽 위에 놓고 탑 아래에 탁자와 의자를 놓고 탁자 위에 그릇 두 개를 올려놓고 삽으로 모래를 퍼서 가득 채운다. 겨울 집을 오른쪽 아래 코너, 풍차집을 중앙 위에 놓는다. 울타리로 시계탑과 풍차집을 둘러쌌다. 종을 가지고 치고 놀더니, 말 탄 여자를 들어 왼쪽 중앙에서 오른쪽을 향해 놓는다. 시계탑 옆에 이집트 탑, 울타리를 왼쪽으로 옮겨 타원을 만들고 그 안에 어린 동물들을 넣었다.

❖ 내담자 표현 및 치료자의 느낌

웃지도 않고 불만인 표정을 하고 있다. 모래놀이도 흥미가 없는지 먼저 놀이를 마친 형에게 싸움을 건다. 긴장한 눈빛, 지난 16회기 이후에 조금의 변화가 느껴졌는데, 벌써 20회기째인데 별로 발전이 없어 보여 마음이 아프다. 계속 다가서지 못하게 마음에 문만 걸어 잠그고 있다.

❖ 처음 선택한 소품: 소방차
❖ 놀이과정 및 행동관찰

소방차를 왼쪽 아래에 놓았다가 제자리에 가져다가 놓고, 다리 네 개를 오른쪽 아래에 놓는다. 그중 통나무 다리와 오른쪽에 놓은 큰 다리에 자전거를 타고 다리를 건너는 소년을 각각 놓는다. 보석을 모래 전체에 날리듯이 던지고는 마친다.

❖ 내담자 표현 및 치료자의 느낌

별로 흥미를 보이지 않고 의미 없이 하는 느낌이었고, 생각 없이 멋대로 놓은 듯했다. 제목 역시 치료자에게 정하라고 한다. 보석을 놓은 게 하늘의 별로 보인다고 하니까 '별밤'이라고 제목을 붙인다.

⠿ 처음 선택한 소품: 탱크
⠿ 놀이과정 및 행동관찰

   탱크를 왼쪽 위에 놓고 태극기를 탱크 뒤에 꽂고 헬리콥터를 아래 중앙에 놓는
다. 위 중앙에 모래로 언덕을 만들어 군인들을 둥글게 놓은 후 성조기를 꽂는다.
대포를 오른쪽 아래 코너에 놓고, 군용보트를 오른쪽 중간에 놓는다. 전투비행기
두 대를 왼쪽에 사이를 두고 놓더니 마쳤다고 한다.

⠿ 내담자 표현 및 치료자의 느낌

   군인을 향해 탱크의 총구가 향하여 있지만 정확하게 목표물을 정하지 못한 전쟁
을 하고 있다. 오른쪽 아래의 대포도 정확한 목표물을 향해 포탄을 맞힐 수 없게
포구가 다른 곳을 향하고 있다. 아동의 마음에 바라는 소망이나 비전을 보이지 않
는 것 같아 아쉽다.

- 처음 선택한 소품: 시계탑
- 놀이과정 및 행동관찰

　시계탑에 불을 켜서 중앙 위에 놓고, 그 왼쪽 옆으로 눈사람을 놓는다. 가운데를 연못을 만들고 배를 왼쪽에 놓는다. 모래시계를 시계탑 좌우에 놓고 그 위에 독수리를 얹어 놓고 시계탑 위에도 독수리를 놓는다. 자동차 세 대를 왼쪽 아래에 놓고 제일 아래쪽 자동차에 망을 씌우는 것으로 마친다.

- 내담자 표현 및 치료자의 느낌

　시계탑을 놓고 그 위에 독수리를 놓았다. 비상하고 싶은 욕망을 나타낸 듯하다. 연못을 만들어 가에 보트를 놓은 것으로 과감하게 떠나지 못하고 용기도 없는 소심함이 보인다. 끝에 있는 자동차에 망을 씌워 움직일 수 없게 하였다. 같이 다니던 친구가 안 오게 되어 불안정한 모습으로 모래놀이를 하였다. 자기도 그만 오겠다고 한다.

❖ 처음 선택한 소품: 눈사람

❖ 놀이과정 및 행동관찰

　눈사람을 위 중앙에 놓고 이글루 두 개를 눈사람 양옆에 놓는다. 얼음조각을 이 글루 양쪽 끝에 놓고, 펭귄을 큰 이글루 문 앞에 놓는다. 작은 이글루와 얼음조각 사이에 파란 펭귄 워터 그로브를 놓고 큰 이글루와 눈사람 사이에 작은 눈사람 그 로브를 놓는다. 이글루 위에 판다들을 놓고 마친다.

❖ 내담자 표현 및 치료자의 느낌

　겨울을 표현하였다. 판다를 이글루 위에 올려놓은 것은 뭔가 답답하여 집에 있지 못하고 지붕 위에 올라가서 밖을 보고자 함인 것 같다. 오늘도 여전히 안정이 안 된 모습을 보인다. 산만하게 놀면서 같이 온 친구나 기사(삼촌)를 괴롭힌다. 그래도 처음에 왔을 때보다는 많이 좋아졌지만 아직도 불안증은 심하다.

❖ 처음 선택한 소품: 산타

❖ 놀이과정 및 행동관찰

산타를 중앙에서 왼쪽으로 놓고 그 옆 오른쪽으로 겨울인형 여자·남자아이들을 차례로 놓는다. 크리스마스트리를 남자 겨울인형 오른쪽 옆에 놓는 것으로 마친다.

❖ 내담자 표현 및 치료자의 느낌

얼굴에 온통 상처다. 싸움을 하고 온 것이다. "오늘이 마지막이죠?"라고 하면서 빨리 끝내고 가려고 한다. 아이에게 마지막으로 크리스마스 선물을 주고 안아 주었다. 몹시 쑥스러워한다. 얼굴엔 아무런 표정 변화도 없이 그냥 인사하고 떠난다. 기관에 있는 아동 둘을 모두 아쉽게 마치게 되어 섭섭한 마음을 어쩔 수가 없다.

❖ 종합평가

가정에서 부모님이 이곳에서 마치고 가면 토닥거려 주었다면 좋은 결과가 있었을 텐데 하는 생각을 해 본다. 기관에서 원하는 만큼 기대에 차지 못하게 되어 미안한 마음이다. 그러나 아동 개인들은 모래놀이의 경험이 후에 기관생활과 학교생활에 영향을 미칠 것으로 사료된다. 일반 가정에 있는 아이들 못지않게 가능성이 너무 많은 아이들이다. 부디 아이들이 앞으로 좋은 멘토를 만나서 자신들이 가진 가능성을 제대로 펼치며 살아가길 바란다. 그리고 마음속에 있는 단단한 얼음 또한 깨고 나와 세상을 향해 긍정적으로 전진하길 소망한다.

6. 나의 인생

제1회기 면접

인적사항

1) 이름: 이노을(가명)
2) 나이: 63세
3) 성별: 남성
4) 학력: 대졸
5) 직업: 퇴직자

가족력 및 문제점

공무원을 정년퇴직한 가장이다. 아내는 유치원을 운영하는 유치원 원장이고 손자
가 둘이 있는 할아버지다. 지나친 음주로 상담을 의뢰하였다.

주 호소 문제 및 목표

1) 주 호소 문제: 직장 다닐 때부터 술을 좋아하여 부부간의 다툼이 잦았고, 퇴
   직 후에는 집에서 혼자 매일 한 병 이상의 지나친 음주로 가족들에게 스트레
   스를 주고 있다.

2) 목표: 퇴직에서 오는 스트레스를 술로 풀고 있는 듯하다. 자신의 삶의 가치를
   느끼게 하고 퇴직의 공허함을 슬기롭게 극복할 수 있도록 돕고자 한다.

행동관찰

연구실을 둘러본다. 상담을 하지 않겠다고 하며 쑥스러워한다. 면접을 위해 필요

한 서류, MMPI 검사지 등을 작성하도록 자연스럽게 부탁하였다. 부인이 참여한 관계로 어쩔 수 없다는 태도를 보이면서 시작하였다.

❖ 심리검사 결과

• 평가도구: MMPI, HTP, KFD

1) MMPI 분석결과

• MMPI에서 사회적 순응을 잘하는 편이다.
• 흥미범위가 좁고, 수동적이며, 비주장적이다.
• 회피적이며, 매우 조심스러우며, 양심적이고 에너지가 부족하다.

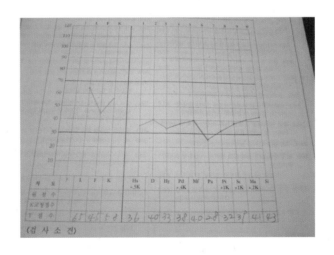

2) 문장완성검사

① 나에게 이상한 일 생겼을 때: 운명으로 받아들인다.
⑭ 무슨 일을 해서라도 잊고 싶은 것은: 성장하면서 지나간 일들
⑯ 내가 정말 행복할 수 있으려면: 열심히 사는 것
㉓ 결혼생활에 대한 나의 생각은: 힘들었다.
㉗ 내가 저지른 가장 큰 잘못은: 부모님의 말씀을 잘 듣지 않았던 것
㉝ 내가 다시 젊어진다면: 별로 다를 것이 없을 것 같다.

㉞ 나의 가장 큰 결점은: 무엇인가 과시하려는 것 같다.

3) HTP, KFD 검사 결과

HTP, KFD에서는 스스로의 존재를 미약하게 표현하였고, 집에서 자녀들과 부인
으로부터 대접을 받지 못하는 듯한 느낌이 가는 그림을 그렸다.

① 집(House)

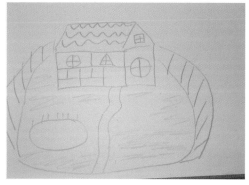

② 나무(Tree)

③ 사람(Person)

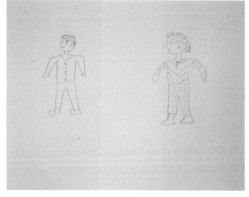

④ 동적 가족화(KFD)

❧ 처음 선택한 소품: 백마

❧ 놀이과정 및 행동관찰

백마를 왼쪽 위 코너에 놓고, 담배 피우는 남자를 백마 위쪽 옆에 놓는다. 빨간색 초를 담배 피우는 남자 옆에 놓고, 모래시계는 중앙 위에 놓는다. 등대는 오른쪽 위 코너 쪽에, 학이 있는 소나무를 등대 오른쪽 아래에 놓고, 자전거 타는 사람, 초가집은 오른쪽 아래에 놓는다. 앤티크 흔들의자를 아래 중앙에 놓고, 피에로 둘을 왼쪽 아래에 놓는다. 새끼 새와 어미 새가 있는 새둥지를 중앙에 놓고 마친다.

❧ 내담자 표현 및 치료자 느낌

아주 한참을 피겨들을 보고 있다. 피겨 만지기를 어색해한다. 상자안의 모래를 작은 빗자루로 쓸어서 정리한다. 피겨를 놓을 때마다 모래가 손에 닿지 않도록 상자에 놓으면서 얼른 손을 뗀다.

매우 어색해하면서 오래도록 놓지 못한다. 한 번 하고 끝나는 걸로 알고 있다.

C: "이렇게 어려운 것을 또 해야 됩니까?"

T: "예, 적어도 열 번은 하셔야 됩니다."

앞으로의 진행이 흥미로울 것 같다. 작품을 '나의 인생'이라고 하며 설명을 한다. '백마를 타고 음악을 즐기며 여유 있는 시간을 지내고 있고, 마음 한구석에 나만이 가지고 있는 촛불이 있다. 남은 생을 아담한 집에서 가족을 돌보면서 살기를 희망한다.' 그동안 돌보지 못한 것에 대한 보상을 하고 싶어 하는 것 같다.

❖ 처음 선택한 소품: 독수리
❖ 놀이과정 및 행동관찰

독수리를 왼쪽 위에 놓고, 삼장법사는 중앙 위에 놓는다. 꽃바구니를 법사 옆에 놓고, 아이들 셋을 꽃바구니 오른쪽 옆으로 놓는다. 바람개비를 오른쪽 위 코너에 놓고, 계란 두 개를 접시에 담아 오른쪽 가장자리 중간쯤에 놓는다. 잠자리, 나비를 아이들 앞에 놓고 마쳤다.

❖ 내담자 표현 및 치료자 느낌

더워서 아이들이 모래사장에 나와서 바람을 쐬고 있다고 한다. 법사도 더위를 식히려고 모래사장에 나왔고, 독수리가 모래에 알을 낳아서 부화하기 전의 상태란다.

모래사장에서 시원한 바람을 쐰다고 하였지만 물이 없는 막막한 사막이 내담자의 답답한 심정을 표현한 것 같다. 상자의 아랫부분이 비어 있는 것이 다음 회기를 기다리게 한다.

제4회기 나의 집(2007. 8. 27. 13:30~14:00)

❧ 처음 선택한 소품: 초가집

❧ 놀이과정 및 행동관찰

초가집을 위 중앙에 놓고, 소나무를 초가집 오른쪽으로 옆에, 사과나무를 왼쪽으로 옆에 놓는다. 항아리를 초가집과 소나무 사이 아래에 놓고, 자전거를 항아리 옆에 놓는다. 신사임당을 초가집 앞에 놓고, 크리스털 탑을 과일 나무 앞에 놓는다. 오리 두 마리를 소나무 오른쪽 아래에 연못을 만들어 놓는다. 새장을 신사임당 옆쪽으로 놓고 마친다.

❧ 내담자 표현 및 치료자 느낌

초가집을 들어다 놓는 모습이 머리에 구상하고 온 듯하다. 위에서부터 밑으로 놓고 표정 없이 간단히 마쳤다. 몇 개를 놓지 않았지만 여유로워 보인다. 부인이 집을 지키고 안정되게 앉아 있는 모습을 연출한 것은 모든 남성의 기본개념인 듯하다.

제5회기 호숫가 산책(2007. 9. 2. 10:00~10:30)

❖ 처음 선택한 소품: 개구리
❖ 놀이과정 및 행동관찰

개구리와 풍뎅이 친구들을 가져와 위 중앙에 놓으면서 그 앞을 조금 판다. 나비, 잠자리를 개구리 왼쪽 옆에 놓고, 자전거는 오른쪽 호수 옆에 두 대 놓는다. 말 탄 사람을 왼쪽 잠자리 앞에 놓고 우체통을 오른쪽 가장자리 중간쯤에 놓고 집을 우체통 뒤에 놓고 간단히 마친다.

❖ 내담자 표현 및 치료자 느낌

조심스럽게 모래를 조금 파고 호수를 만든다. 자전거를 타고 호수를 돈다는 것에서 역동성을 볼 수 있겠으나 소극적인 잠자리와 나비를 놓아 자신감이 없어 보여서 안타깝다. 아랫부분이 비어 있다는 것을 주의하여 읽어야 할 것 같다.

❖ 처음 선택한 소품: 돌고래

❖ 놀이과정 및 행동관찰

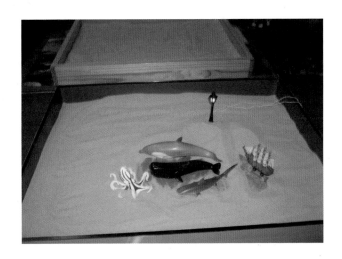

중앙에 바다를 만들고, 그 안에 돌고래, 검은 고래, 상어를 놓는다. 바다 왼쪽에 문어를 놓고, 고래들 뒤에 모래를 파고 배를 놓는다. 고래와 배 위쪽에 가로등에 불을 밝혀 놓는 것으로 마친다.

❖ 내담자 표현 및 치료자 느낌

지난번보다 조금 크게 모래를 치우고 바다를 만들었다. 고래가 내담자의 삼 남매인 듯하며, 그 앞 문어는 내담자의 아내인 듯하다. 뒤편의 작은 배를 내담자로 본다면 부인의 자녀교육 방식에 대해 부정적 견해를 가지고 방관자적 입장을 보이고 있는 듯하다. 가로등의 불을 밝힘으로써 남은 시간이라도 가족을 지켜보겠다는 의미가 담겨 있지 않나 하는 해석을 해 본다.

❖ 처음 선택한 소품: 버스

❖ 놀이과정 및 행동관찰

버스, 승용차, 구급차 등을 오른쪽 아래에서 왼쪽 위로 타원형으로 놓는다. 단풍나무를 오른쪽 위 코너에 놓고 나무 두 그루는 오른쪽 자동차 사이에 놓고 간단히 마친다.

❖ 내담자 표현 및 치료자 느낌

단순한 작업이지만 표현은 완벽한 것 같다. 곧 추석이라 고향길에 고생하는 것을 상상하여 놓은 듯하다.

❖ 처음 선택한 소품: 문어

❖ 놀이과정 및 행동관찰

　문어를 오른쪽 중앙에 놓으면서 바다를 만들고, 돛단배를 물가 왼쪽 모래 위에
올려놓았다. 상어와 새우 두 마리를 바다에 들어가는 모양으로 놓고, 소라, 조개껍
데기 등을 문어와 상어 사이에 놓는다. 파라솔이 있는 야자나무를 오른쪽 모래 언
덕에 놓고 소나무 두 그루를 야자나무 양옆에 놓는다. 야자나무 왼쪽 옆과 소나무
사이에 자동차를 놓고 마친다.

❖ 내담자 표현 및 치료자 느낌

　추석 연휴에 강릉을 가고 싶었는데 길이 밀려서 못 가게 된 것이 아쉬웠다고 말
한다. 문어를 다시 놓고 소라의 귀를 문어에게 열어 놓은 것은 부인의 잔소리가 싫
다는 것으로 해석된다. 배가 물에 있지 못하고 모래에 있어서 제 기능을 못 하고
있다. 아무래도 추석 연휴 동안 집에서 부인과 있으면서 부인의 잔소리만 들은 듯
하다.

- 처음 선택한 소품: 초가집
- 놀이과정 및 행동관찰

초가집을 중앙 위에 놓고, 초가집 왼쪽 옆으로 항아리 두 개, 초가집 오른쪽으로는 사과나무를 놓는다. 솔방울 하나를 항아리 뒤쪽에 놓고, 단풍나무를 왼쪽 위 코너에 놓는다. 물지게를 사과나무 밑에 놓고, 닭, 고양이를 집 앞쪽에 놓는다. 개구리를 단풍나무 아래쪽에 놓고, 돼지를 사과나무 앞에 놓는다. 풀무를 왼쪽 면 중간쯤에 놓고, 키를 왼쪽 아래 풀무 옆에 놓는 것으로 마친다.

- 내담자 표현 및 치료자 느낌

어렸을 적에 시골 큰집에 가서 감나무에 달린 감을 따 먹고 물지게로 동네 우물에 가서 형님들과 물을 긷던 풍경을 모래에 놓았다고 한다. 단풍이 드리워진 시골 모습을 떠올리면서 사촌 형님들과의 정을 떠올리는 듯 과거로의 퇴행을 보여주었다.

❧ 처음 선택한 소품: 태권도 하는 사람
❧ 놀이과정 및 행동관찰

태권도 하는 사람을 왼쪽 위쪽에 놓고 오른쪽으로 무술 하는 사람들을 한 줄로 놓는다. 꽃과 나무들을 운동하는 사람들 뒤로 세워 놓고, 풍선 든 아이를 태권도 하는 사람 밑에 놓는다. 자전거 타는 사람들을 무술 하는 사람들 앞에 놓는다. 피에로를 좌우로 세우고 왼쪽에 있는 풍선 든 아이를 피에로 아래로 옮기고 마친다.

❧ 내담자 표현 및 치료자 느낌

사위 회사에서 가을 운동회를 하여 손자들이 가족 운동회에서 노는 것을 연상하여 놓은 듯하였다. 모래장면들에서 아랫부분을 비어 놓는 경우가 많다. 현실적으로 만족하기에는 부족한 부분이 있는 것 같은 느낌을 받는다.

❖ 처음 선택한 소품: 단풍나무

❖ 놀이과정 및 행동관찰

단풍나무를 왼쪽 위에 앞을 보게 놓고, 사과, 고추 등 열매들을 단풍나무 아래에 늘어놓는다. 초가집을 왼쪽 위에 놓고, 풍구를 오른쪽 중간부분에 놓고 그 앞에 삽과 괭이를 초가집 마당에 개 두 마리를 놓는 것으로 마친다.

❖ 내담자 표현 및 치료자 느낌

단순한 작업을 한다. 10회면 끝내 준다고 하여 왔지만 정말 오고 싶지 않은 표정을 짓는다. 분석이 필요 없는 상자이다.

❖ 처음 선택한 소품: 교회

❖ 놀이과정 및 행동관찰

교회를 위 중앙에 놓고, 그 양옆에 산타들을 놓는다. 오른쪽 산타 앞에 유니콘
두 마리를 놓고, 겨울나무들을 교회 뒤쪽으로 놓는다. 신랑 신부를 교회 앞에 세우
고, 꽃바구니를 왼쪽 중간에 놓고 마친다.

❖ 내담자 표현 및 치료자 느낌

소품들을 한참을 관찰한다. 시간을 갖고 보더니 교회를 놓고, 산타를 놓는다.
빨리 종결하고 싶다는 의사 전달을 한다.

제13회기 축제의 한마당(2007. 11. 25. 12:00~12:30)

❖ 처음 선택한 소품: 탈춤꾼들

❖ 놀이과정 및 행동관찰

　탈춤꾼들을 오른쪽 위에 둥글게 놓는다. 악기 든 소녀들을 왼쪽 위에 둥글게 놓는다. 중앙 위에 갑돌이, 갑순이를 놓고, 제일 위에 꽃들을 놓고 단풍나무를 꽃들 중간에 놓는다. 악기 든 소녀들 앞쪽에 일곱 난쟁이를 둥글게 놓고 사물놀이 패를 탈춤꾼들 앞에 놓고 마친다.

❖ 내담자 표현 및 치료자 느낌

　'서양과 동양의 고전과의 만남'이라고 한다. '앞마당이 비어 있다.'고 말하자 '넓어서 좋다.'고 한다. 여유로운 것인지? 무엇인가 메우지 못한 허전한 부분이 있는지? 아니면 공허를 느끼는지?

▍ 종합평가

서로 잘 알고 지내는 관계로 상담과정에서 다소 부담이 있었다. 모래놀이를 하면서 특별히 해석을 요하지 않았다. 상담 중반부터 술을 끊었다고 하는데, 일시적 현상이거나 빨리 마무리하고 싶은 마음에서 보여주는 행동일 수도 있겠다는 생각이 든다. 내담자는 상담을 종결하면서 홀가분함을 느꼈다. 내담자는 부담이 많이 되었던 모양이다. 좀 더 시간을 두고 치료를 계속했다면 회기마다 상자의 앞부분을 비우는 이유와 그 해답을 스스로 찾아 자신의 삶을 가치 있게 만드는 데 좀 더 도움이 되지 않았을까 하고 생각해 본다.

7. 행복한 노후

(모래놀이를 통한 중년여성의 우울증 치료 사례)

1 서론

급속한 사회변화는 가족체계에 영향을 미쳐 가족규모나 가족구성원의 역할에 새로운 변화가 초래되고 있다. 최근의 가족기능이 시대변천과 사회변화에 따라 두드러진 것은 부부관계의 중요성이 부각된 것이다. 특히 가족관계가 부부중심으로 변화되면서 사회에서는 부부의 애정적 기능이 강조되고 가족성원 사이의 인간관계도 변화를 가져왔다. 또한 현대 산업 및 정보화 사회에서 여성의 교육수준 향상과 취업 증대로 맞벌이 부부가 증가하면서 가정 내에서 부부간 가사분담 및 성역할태도 등에 있어서 새로운 상호 역할의 설정이 요구되고 있다(이동원 외, 1997). 이러한 변화에서 부부는 욕구가 충족되지 않을 때 분리, 별거, 이혼 등의 문제를 일으켜 가족을 불안정하게 만드는 주요 원인이 된다.

결혼생활에서의 부부관계는 가족생활 전체의 핵심인 동시에 다음 세대를 양육하는 데 가장 중요한 가족체계이므로 부부간의 불화나 갈등은 부부 자신들의 삶뿐만 아니라 자녀들의 삶에도 부정적인 영향을 미치게 되는 것은 물론 가족해체로까지 이어질 수도 있다(황종귀, 2006). 그러나 불만족한 결혼이라고 해서 반드시 이혼으로 끝나는 것은 아니며 결혼생활에 만족한다고 하더라도 결혼이 항상 안정적으로 유지되는 것은 아니지만, 결혼생활에 만족할 경우 결혼 안정성에 보다 긍정적 영향을 받는다(Lewis & Spanier, 1979). 가정이 건강하지 않으면 가족의 정신건강은 상처를 입게 되고, 자녀들의 비행이 발생하게 된다. 부부의 갈등상황에 노출된 자녀는 스트레스로 인해 위축, 공격성이 형성되고, 많은 긴장이 유발되며, 이러한 스트레스는 학교생활에 집중할 수 있는 능력과 학교에서의 성취동기에 영향을 미칠 수 있다(정미경, 2003, 재인용). 부부관계를 파괴하는 것 중 가장 흔한 원인은 배우자의 외도이다. 배우자의 외도는 배우자를 정서적으로 갈등을 겪게 하는 원인이 된다. 외도는 전혀 효율적이지도 이득이 되지도 않고 정신적 에너지 손실만 가져올 뿐이다. 외도를 당한 배우자는 분노하고 수치심, 자아 기능의 붕괴로 인한 우울증을 가져온다(이무석, 1999).

Freud는 1905년 '성에 관한 세 가지 이론'에서 '리비도는 성 흥분을 일으키는 육체적이며 물질적인 힘'이라고 정의하고 이것을 '성적에너지'라고 할 수 있다고 하였다. 개인의 갈등 처리 방식은 대개 리비도의 고착이 일어나고 이는 비슷한 갈등 상황과 같은 처리 방식에 의해 더욱 고착되고 강화되어 향후 성격의 결함이 발생한다. 이 리비도가 사회적으로 유익한 형태로 표현되고 충족되려면 승화라는 과정을 거쳐야 한다. 리비도를 승화시키지 못할 경우 신경증이 되고, 성 도착이나 혼외정사에 빠지게 된다(이무석, 1999). 성숙한 사람은 리비도를 승화시켜 사회적 요구나 양심의 요구에 따라 조절할 줄 아는 사람이다. 외도는 리비도가 승화되지 못하고 실패한 결과라고 할 수 있다. 인격의 수준이 이드의 단계에 머물러 있는 것이다(김동규, 1994). 결국, 리비도를 잘 승화시키지 못하는 배우자의 외도는 정서적 안정을 잃게 만들고, 자기붕괴 현상을 가져오게 하여 부부는 갈등을 겪게 되고 우울증을 앓게 된다.

우울은 자기에 대한 부정적인 인식의 결과를 의미하는 근심, 침울감, 실패감, 상실감, 무력감, 무가치감을 나타내는 정서 상태를 의미하며(Beck, 1974), 정서적, 인지적, 동기적, 생리적으로 무력함을 의미한다. DSM - Ⅳ(1994)에 의하면 우울증은 기분장애에 속하는 것으로 우울한 정서 상태뿐 아니라 복합적인 정신적, 신체적 증상들, 즉 의욕상실, 주의력과 집중력 감퇴, 식욕 및 체중의 변화, 불면증, 자살충동 및 자살시도를 수반한다고 정의하였다. 우울은 슬픈 감정이나 침울한 기분이 특징적으로 나타나는 정서장애라고도 정의하며(이은주, 1996), 일상생활에서 슬픈 감정 상태와 심각한 정신병적 상태를 나타내는 증상으로서 우울한 기분이 반복되어 나타나게 되면 극한 상황까지 이르게 된다(박금자, 이혜경, 2002).

신경정신의학적 연구에서 배우자의 외도로 인한 부부갈등 및 배우자 우울함에 대한 상담사례에서는 어떤 무의식적 원인에서 외도가 시작되었는지, 외도를 알게 된 배우자를 어떻게 도울 수 있는지를 보고한 경우(이무석, 1999)와 중년기 여성의 스트레스 중에서 우울증 환자들이 가장 크게 스트레스를 느끼는 사건들로는 남편의 외도와 성격차이 등으로 여성은 가정적 문제가 주 유발요인(김동인 외, 1997)이라고 보고한 사례에서는 약물 치료에 의존하는 경향성을 보이고 있다. 남편의 혼외 정사로 인한 부부갈등으로 우울감과 불면증으로 치료받은 사례(한인영, 1996)는 의사소통기법과 게슈탈트기법 등으로 상담치료적 개입을 하였다.

본 연구에서는 배우자의 외도로 우울증 성향을 보인 중년여성의 치료를 위해 그림자를 무의식에서 의식화시켜 자아가 분화될 수 있도록 도울 수 있는 모래놀이를 적용하여 치료하고자 한다. 모래놀이치료는 모래상자 안에서 경험을 바탕으로 모래를 만지면서 몸·마음·영혼의 삼 차원의 영역을 포함하여 다양한 세계를 그려 내는 심리치료기법이다. 모래는 치유와 개인의 변용의 힘으로 마음의 문을 열어 주고 치유를 가능하게 하는 창조적 퇴행을 장려한다. 또한 의식과 무의식으로 연결되면서 인간은 스스로 정신의 완전함(전체성)을 이루려는 노력을 한다는 데 개념적 기초를 둔다(김보애, 2006). Weinrib(1983)은 "치유란 상처는 치유되고 자연적인 기능을 회복될 수 있다는 것을 의미하고, 정신의 다른 기능을 회복함으로써 치유되는데 이 치유로부터의 통찰은 의식화를 자아가 가능하게 한다."(김보애, 2007, 재인용)고 말한다. 이러한 자연 치유력을 가진 모래놀이치료를 통하여 내담자는 무의식의 세계에서 원형적 그림자와의 대면을 할 수 있다. 무의식의 대면은 정신적 해리를 극복하고, 붕괴된 마음, 깊은 상처로 단절된 정신세계의 고통을 극복하게 한다.

모래놀이치료는 모래상자를 이용한 기법으로 1929년 영국의 소아과 의사인 Lowenfeld에 의해 고안되었고, 스위스의 Dora Kalff는 Lowenfeld의 'The World Technique'와 Jung의 분석심리학을 접목시켜 이 기법을 크게 발전시켰다. Kalff는 연구자와 내담자의 관계를 중요시하였다. 그녀는 이 양자의 관계를 '모자의 일체성 (mother-child unity)'의 표현으로 나타내고 있다. 그리고 이와 같은 관계가 성립하면 내담자 자신이 자기치유의 능력이 발휘하기 시작하여 '전체성의 상징을 표현하기 시작한다.'라고 생각했다. 즉 Jung이 말하는 자기(self)의 상징이 생겨나기 시작한다는 것이다. 이 상징의 의미는 구태여 해석하지 않아도 치료가 가능하다. 이와 같은 상징체험은 치료과정의 중요한 핵심으로 Kalff는 이것을 내담자가 언어를 수단으로 하지 않고 '보호된 장면에서의 상징체험에 의하여 치료가 진행되어 간다.'고 설명하고 있다(김보애, 2006).

Kalff는 Neuman의 심리발달이론 5단계를 재정리하였다. 첫째 단계는 혼돈의 단계로 대개 첫 작품이나 초기의 작품에서 인물이 적고 동·식물을 많이 사용한다.

둘째 단계는 투쟁의 단계로 전쟁장면이나 파괴적인 장면들이 많이 나타나며, 치료의 중반기로 갈수록 전투가 강렬해지고 조직화되며, 일반적인 파괴가 아니라 균형이 있는 투쟁이 나타난다. 셋째, 자아와 자기 축의 단계는 자아와 자기가 원만한 관계를 갖기 위해 자기분화를 완성하여 너와 나의 개념을 알고 어머니로부터 인격체로 분리되어 자아가 완전하게 작용하고 자아개념을 갖게 되는 것이다. 넷째 단계는 집단에의 적응단계로 내담자는 자신의 내면세계에 몰입한 후, 통합과정에서 집단에의 적응과정을 보여준다. 종료가 가까워지면 창의적인 장면들을 만들며 독립되고 완전한 한 개인처럼 느끼기 시작한다. 말기에는 상징적으로 완전함과 전체감의 표현인 원, 네모, 판타스틱한 장면 등의 이미지가 나타나며, 이것은 통합을 의미하는 것이다. 그러나 모든 모래놀이치료과정이 이러한 단계를 거친다고는 볼 수 없으며, 이 단계를 거치지 않고도 치료가 잘 진전되기도 한다(김보애, 2006).

모래놀이치료의 본질은 융이 개별화(Individuation)라고 명명한 자기발전과정으로서 인간이 스스로 자신의 자아의 어두운 면, 즉 무의식적인 측면에 있는 나의 분신인 그림자(이부영, 2004)를 받아들이고 경험하기 시작할 때에만 시작된다는 것이다. 내담자 자신이 모래놀이를 하는 과정에서 자기를 실현하고, 치료가 진행됨에 따라 연구자는 내담자와 더불어 개성화 과정에 깊이 관여하게 된다. 개성화 과정은 인격발달을 위한 계속적인 과정이다. 모래놀이치료는 내담자의 개성화 과정을 촉진하고 격려하며 모래놀이를 통해 전체성과 통합성을 획득한다. 모래놀이치료는 자아실현의 통로이다(김경희, 이희자, 2005). 또한 융은 연금술을 모래놀이치료에서 개성화과정으로 완전화가 되어 가는 과정과 동일한 과정으로 보았다(김보애, 2006).

우울증에 대한 모래놀이 사례연구들을 보면, 박영금(2006)의 사례에서 내담자는 엄격하고 무서운 아버지와의 관계에서 부정적 아니무스를 갖고 성장하였다. 결혼 후 노름을 하는 남편, 무당인 시누이 등의 문제로 자살을 시도하였으나 실패하였으며, 자녀들과의 관계 등 많은 문제들로 우울성향을 보인 중년여성에게 모래놀이치료를 실시한 결과, 자신이 소중하고 가치 있는 사람임을 깨달았다고 보고하였다. 장현숙(2006)은 이중적인 자기 모습, 부정적인 아니무스, 어머니와의 애착이 안정적이지 못한 상태에서 초등학교 저학년 때 성폭행을 당한 경험이 내면의 수치심으로 자리 잡고 있어 피해의식으로 우울증을 가진 중년여성에게 모래놀이치료를 실시하는 과정에서 자기 내면의 욕구와 본능, 수치감을 받아들이면서 부정적인 자아인식과 피해의식, 분노에서 벗어나 긍정적인 자기상을 정립하면서 새로운 자기(Self)의 모습을 구축해 나가는 개성화 과정을 보여주었다고 보고하고 있다.

이에 남편의 외도로 인한 이혼의 위기, 자녀의 학업부진, 퇴행현상 등으로 우울 경향을 보이는 중년여성에게 모래놀이를 실시하여 어떠한 변화를 보이는지 살펴보고자 하였다. 치료적 측면에서 모래놀이가 개성화 과정을 구축해 나가는 데 효과가 있는지를 보는 데 목적을 두고, Kalff가 말한 내담자가 언어를 수단으로 하지 않고 '보호된 장면에서의 상징체험'을 진행하면서 내담자가 스스로 내부의 자유로운 변용의 힘으로 이해와 화해, 내면의 위기 등의 변화를 살펴보고자 한다.

② 사례개요

1) 연구대상과 가족상황

본 연구의 대상은 C시에 거주하는 42세의 중년여성으로서 직장인, 대학원생, 주부 등 여러 개의 직함을 가지고 있다. 고위공직자로 정년퇴직하신 부와 고학력의 모 사이의 4남매의 둘째 딸로 여유로운 가정에서 성장하였다. 초중등 시절 부모님께 인정받기 위해서 노력하는 과정에서 많은 스트레스를 받으면서 힘겨운 학교생활을 하였다.

가족관계는 중매로 만난 배우자(44세, 대졸, 전문직업인)와 3년여 교재 후 결혼하였다. 배우자는 3남 2녀의 셋째 아들로 시골에서 농사짓는 부모 밑에서 성장하였다. 부부 사이에는 두 딸(10세, 6세)을 두고 있다. 배우자는 전문직을 가졌으며 노부모에게는 생활비를 보내 드리고 있다. 내담자의 직장관계로 큰딸은 네 살까지 외가에 맡겨졌었고, 유치원에 다니는 둘째 딸은 분만 후 산후 후유증으로 회복이 늦어져 8개월을 병원에 입원하고 있었다. 둘째는 아이의 큰어머니(맏동서)가 네 살까지 돌봐 주었다. 지금은 이웃에 사는 시누이집에서 기르고 주말에 데리고 온다.

2) 의뢰경위

내담자의 문제는 첫째, 남편의 외도로 인한 부부의 냉전에서 벗어나고 싶은 심정이다. 둘째, 배우자는 전문직을 가지고 있음에도 생활비를 제대로 주지 않아 불만이 많았다. 이로 인한 부부갈등으로 자녀는 학업부진, 퇴행현상 등의 문제들로 우울한 경향이 있다. 셋째, 시부모와 손위 동서와의 관계, 직장 동료들과의 관계가 원만치 않다. 이러한 문제들을 해결하는 데 도움을 얻고자 하였다.

3) 심리검사 결과

내담자를 이해하고 모래놀이치료의 보조수단으로 사용하기 위해서 HTP, KFD, SCT, MMPI를 사전 - 치료 - 사후 검사를 실시하였다.

❖ HTP, KFD 검사

HTP, KFD 검사는 전문가와 같이 분석하였다. HTP 사전 검사에서는 별로 특이할 만한 점이 없는 평범한 그림을 그렸다. 그러나 KFD 사전 검사에서 TV를 보면서 공부하는 장면을 연출하였다. 중앙에 앉은 책상을 가운데 두고 내담자는 TV를 향하고 좌, 우에 딸을 앉혔다. 머리를 숙이고 공부한다고 한다. 모두 얼굴은 표현하지 않았다. 그 뒤로 소파를 길게 그리고 그 가운데 형태도 없이 동그라미만을 그렸다. 남편을 원으로 그리면서 그 존재를 의식하고 싶어 하지 않고 있다. 사후 검사에서 HTP는 사전 검사와 마찬가지로 일반적인 형태의 그림을 그렸다.

KFD 사후 검사에서는 배우자와 나란히 앉아 아이들의 공부하는 모습을 지켜보고 있다. 아직 남편을 옆자리에 가까이 앉히진 않았으나 같이 앉아 있는 장면을 그렸다는 것에서 남편과 화해했음을 보여주고 있다는 심정적 표현으로 볼 수 있다.

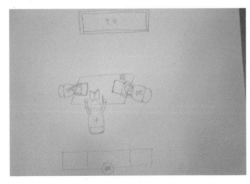

<사전: 동적 가족화>

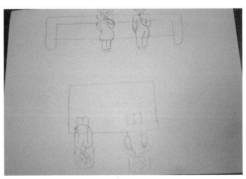

<사후: 동적 가족화>

⚞ SCT에 나타난 심리검사 특징

SCT 사전 사후 검사를 비교하여 결과를 <표 1>에 제시하였다.

SCT의 사전 검사 결과를 보면 이상한 일이 생겼을 때 잠으로 잊으려 했으며, 고등학교 시절 학업성적이 예상처럼 나오지를 않아 원하는 대학과 학과에 지원하지 못했던 괴로운 기억 때문인지 기억하고 싶어 하지 않았다. 결혼한 것을 후회하고 가장 큰 잘못을 저지른 것이 남편을 선택한 것으로 기록했다. 다시 젊어진다면 연애를 많이 해 보고 좋은 배우자를 고르겠다고 했다. 반면 사후 검사에서는 배우자가 돌아오기를 기다리는 마음의 변화와 이해하고 화해하려는 모습을 보이고 있다.

〈표 1〉 SCT에 표현된 사전, 사후 검사 비교한 결과

	주어진 문장	사전	사후
1	나에게 이상한 일이 생겼을 때	잠을 잔다.	없다.
6	내 생각에 참다운 친구는	없다.	힘들 때 힘이 되는 친구
14	꼭 잊고 싶은 것은	고등학교 시절	아이가 계속 유산된 것.
16	정말 행복할 수 있으려면	남편과 잘사는 것.	사고의 폭을 넓히는 것.
23	결혼생활에 대한 나의 생각은	괜히 했다.	기다림이다.
27	내가 저지른 가장 큰 잘못은	남편을 선택한 것이다.	이혼하자고 말한 것.
33	내가 다시 젊어진다면	연애를 많이 하고 싶다.	공부를 열심히 하겠다.
39	내가 잊고 싶은 두려움은	없다.	포기하는 것.
41	내가 늙으면	혼자서 자연을 벗 삼으며 조용히 살고 싶다.	무슨 일이든 하고 있을 것이다.

⚞ MMPI에 나타난 검사 결과

MMPI 타당도 척도에 대한 검사 결과를 <표 2>에 제시하였다.

〈표 2〉 MMPI 사전, 사후 검사 결과

척도	L	F	K	Hs +.5k	D	Hy	Pd +.4k	Mf	Pa	Pt +1k	Sc +1k	Ma +.2k	Si
T점수(사전)	39	41	49	47	65	46	41	43	44	29	33	38	50
T점수(사후)	44	37	52	51	48	49	54	44	52	34	37	45	53

모래놀이를 실시하기 전과 후에 대상여성의 정서적 혼란 정도와 우울 등, 심리적 문제를 살펴보기 위해서 MMPI 타당도 척도검사를 실시하였다. 사전 검사에서 L, F, K의 세 개 타당도척도들에서 정적 기울기를 보였다. 이는 정상인이면서 결혼생활에서 갈등이 있거나 방어기제를 쓰고 있는 사회경제적 수준이 높거나 학력이 높은 사람에게서 많이 보이는 형태로 알려져 있다. 임상척도 2에서 높은 점수(T-점수 65 이상)를 보일 경우 대체로 우울증적 증상을 나타낸다고 볼 수 있다(김중술, 2003). 모래놀이를 마친 후 검사에서 L, F, K의 세 개 타당도척도가 'V' 형태로 나타났다. 이는 긍정적으로 사회적응을 잘하려고 노력하는 것으로 볼 수 있겠다. 사전 검사에서 우울증적 증상을 보였던 척도가 낮아졌다

4) 사례에 대한 견해

모래놀이치료는 남편의 외도로 인한 부부갈등과 배우자가 전문직을 가지고 있음에도 생활비를 제대로 주지 않아 쌓인 불만으로 부부의 냉전이 장기화되었다. 이로 인해 자녀들은 학업부진, 퇴행현상 등의 여러 문제를 갖게 되면서 내담자는 우울한 경향성을 보이고 원만한 대인관계를 형성하지 못하게 되었다. 이러한 문제들을 해결하기 위해 연구자는 내담자의 자기치유능력을 최대한 발휘할 수 있도록 모래상자에서 억압된 무의식을 의식화하도록 내적으로 함께 작품을 만들어 간다. 또한 치료의 흐름에 따라 내담자의 영적 세계를 존중하며 내담자 심상의 그림자가 투사된 모래상자를 이해하고 그 과정을 지지하면서 개성화 과정을 구축하여 긍정적 변화를 가져올 수 있도록 돕는다는 데 초점을 맞추어 모래놀이를 실시하였다.

③ 모래놀이치료 진행과정 및 자료 분석

> ### 제1회기 아름다운 노후(2007. 4. 12.)

⸭ 처음 놓은 소품: 집
⸭ 놀이과정 및 행동관찰

집을 위 중앙에 놓고, 나무를 오른쪽 가장자리에 놓는다. 모래를 약간 파고 물을 만들어 다리를 놓은 후 물고기를 넣고, 거북은 모래를 기어 나오는 모습으로 놓는다. 장독을 오른쪽 위 코너 앞에 놓고, 산호수를 장독 오른쪽 아래로 놓고 흰색 승용차를 산호수 밑에 놓는다. 그 옆에 돼지 한 마리를 놓는다. 풍차집을 왼쪽 위 코너에 놓는다. 과일(사과)이 담긴 그릇을 집 오른쪽 앞에 놓는다. 흔들의자를 돼지를 옆으로 놓고, 여자를 의자에 앉힌다. 보석(돌)을 집 앞에 여섯 개를 한 줄로 놓는다. 싸리나무 울타리를 오른쪽 코너와 왼쪽 아래에 놓고 마친다.

⸭ 내담자 표현 및 치료자 느낌

소품들이 놓여 있는 미니 모형들 장 앞에서 한참을 관찰한 후 차분히 가지고 와서 놀이를 한다. 계획된 그림을 그리는 듯하다. 아이들이 놓는 것과는 다른 균형미가 있다. 미래 나무그늘에서 휴식을 취하면서 아름다운 전경을 바라보는 생활을 하고 싶은 마음을 표현했다고 한다. 상자에 소품을 놓기까지 매우 많은 이야기를 한다. 연구자를 관찰하고 있는 느낌이다.

❖ 슈퍼바이저의 의견

Kalff는 '돌의 수는 회기 수를 나타낼 수도 있다.'고 하는데, 정면에 놓인 6개의 돌로 보아 내담자가 6회기를 지나면서 의식의 틀을 조금씩 깨지 않을까 하는 생각이 든다(Betty Jackson).

제2회 자연탐색(2007. 4. 21.)

❖ 처음 놓은 소품: 배
❖ 놀이과정 및 행동관찰

※ 왼쪽에서 오른쪽으로 촬영

배를 상자 옆에 놓고 모래를 오른쪽으로 모은 후 배를 놓는다. 야자나무와 울타리를 모래언덕 중턱에 놓는다. 조개 네 개를 모래언덕에 놓고, 고래, 상어는 물속에 물개는 언덕에 놓은 후, 물고기 세 마리를 배 주위에 놓고 마친다. 낚시하는 사람을 모래 중턱에, 작은 강아지를 낚시꾼 뒤에 놓는다. 꽃나무 3그루를 언덕 중앙에 놓고 마친다.

⁞ 내담자 표현 및 치료자 느낌

배가 미지의 세계를 향해 출발한다. 나무가 있는 섬을 보고 그곳으로 향하는 중 낚시하는 사람을 보고 그쪽으로 가고 있다. 무엇인가를 찾아 마음을 담아 떠다니는 내담자의 소진된 에너지가 상자에서 불씨를 얻어 새로운 에너지로 변환되었다는 느낌이 있는 작업으로 보인다.

⁞ 슈퍼바이저의 의견

자신의 마음을 열어 보려고 시도하고 있다. 낚시는 무의식에서 뭔가를 끌어내려 시도는 하지만 의사가 없다는 표현이다. 에너지가 소진되어 물로 가지 못한다.

❖ 처음 놓은 소품: 과일나무

❖ 놀이과정 및 행동관찰

과일나무를 오른쪽 위 코너 앞에 놓고 나무 두 그루를 과일나무 양옆에 놓는다. 노란 사과나무를 왼쪽 아래 코너에 놓는다. 뱀을 놓았다가 몸서리치며 치우고 코끼리와 얼룩말을 왼쪽 위에서 밑으로 놓고 사슴은 얼룩말 옆에 코끼리 새끼 어미 옆에 놓는다. 오른쪽 아래 코너에 꽃 한 그루 놓고, 그 앞에 손으로 모래를 파고 새끼 호랑이와 하마를 놓고 말을 사슴 뒤에 놓고 마친다.

❖ 내담자 표현 및 치료자 느낌

의식화된 모래놀이를 하는 듯하다. 무의식의 내면을 아직은 치료자에게 노출시키고 싶지 않다는 메시지를 마음으로 받고 있다.

❖ 슈퍼바이저의 의견

주제와 상자의 표현이 불확실하다. 무의식을 표현하지 않았다. 조그만 동물들이 먹는 물을 주제와 연관시켜 보겠지만 너무 미약하다.

❖ 처음 놓은 소품: 부처
❖ 놀이과정 및 행동관찰

부처를 위 중앙에 놓고, 종을 왼쪽 위에 놓는다. 어머니상을 부처를 향해 거리를 두고 놓는다. 부처 앞에 초를 놓고, 구슬을 부처와 여자 사이에 다섯줄로 질서 있게 부채꼴 모양으로 펼쳐 놓는다. 어머니상 옆에 유모차에 누워 있는 아기를 놓고 마친다.

❖ 내담자 표현 및 치료자 느낌

보석은 광명을 얻기 위해서 놓았고, 아기는 편안함과 안식을 얻기 위해서 놓았다고 한다. 모래놀이를 한다기보다는 조화로운 구성을 하고 있다는 표현이 어울릴 것 같은 작업을 한다. 동정을 바라고 도와줄 어떤 힘에 의지하고 싶은 심정을 나타내고 있는 듯하다.

❖ 슈퍼바이저의 의견

어머니상을 놓고 유모차 아기를 옆에 놓는 것은 자신의 유아기에 돌봄을 받아야 할 부분에 대해서 무의식에서 말하고 싶은 부분이 표출된 것 같다.

⁝ 처음 놓은 소품: 머리 둘 달린 용
⁝ 놀이과정 및 행동관찰

　모래를 고른 후 머리 둘 달린 괴물을 오른쪽 중앙에 놓는다. 말 탄 기사를 왼쪽 아래에 놓고, 바위를 괴물 위쪽에 놓는다. 손으로 모래를 비스듬히 가른 후 다리를 놓는다. 코브라를 괴물 옆에 놓고, 쥐 두 마리를 다리 위와 다리 앞에 두고 러시아 나무 인형을 기사 위쪽에 놓는다. 바이올린 켜는 인형을 나무인형과 기사 사이에 놓고 마친다.

⁝ 내담자 표현 및 치료자 느낌

　내담자는 이번 회기는 아무 생각 없이 놓았고 이제부터는 정말 보이는 대로 놓겠다고 하면서 먼저 것들과 다른 느낌이 있느냐고 연구자에게 묻는다. 이번 회기에서는 움직임이 보이지만 모호한 느낌이다. 쥐가 다리를 건너는 것 같지만 망설이고 있는 모습이어서 악과 싸울 수 있을지 모르겠다. 물의 흐름도 앞뒤가 열려 있지 않는 점에서 아직은 때가 아닌 것 같은 느낌이다.

⁝ 슈퍼바이저의 의견

　갑옷을 입은 것이 내담자의 방어벽을 나타낼 수도 있다. 문제에 직면은 하고 있으나 적극적인 개입을 피하고 있다.

제6회기 희망(2007. 5. 26.)

▐ 처음 놓은 소품: 시계탑

▐ 놀이과정 및 행동관찰

※ 왼쪽에서 오른쪽으로 촬영

시계탑을 오른쪽 위 코너에, 재봉틀을 중앙에, 유니콘을 시계탑 옆에 놓는다. 나무 두 그루를 왼쪽 위 코너에 놓고, 골절 여자인형을 재봉틀 앞에 앉힌다. 악기 연주하는 인형 둘을 재봉틀 앞에 앉은 여자 양옆에 놓는다. 야자나무가 있는 파라솔과 의자가 있는 소품을 오른쪽 아래 코너에 놓고 똥을 시계탑 앞에 놓는다. 과일이 든 유리병을 똥 뒤로 흘어 세워 놓는다. 돌(수석)을 파라솔 옆에 놓고 마친다.

▐ 내담자 표현 및 치료자 느낌

내담자의 엄마는 재봉틀로 옷을 만들어 주고, 요리도 잘하시고 아버지는 묵묵히 자기들을 지켜 주셨고 지금도 어려울 때는 항상 옆에 계신다고 한다. 나도 우리 부모님들처럼 훌륭한 가정을 꾸리려 했는데 그렇게 못 해서 부모님께 죄송하다고 한다. '똥'을 들어 무엇인가 묻고 '똥'이라고 대답한다. 똥을 시계탑 앞에 갖다 놓는다. 남편 불륜의 더러움을 배설함으로써 내면의 분노를 씻어 낸 것으로 보아야 할지? 치료자에게 내면의 그림자 한 조각을 내어놓은 것인지? 남편과는 남남처럼 되어서 아이들이 뭔가를 이해하게 되면 정식으로 이혼하겠다고 강한 의지를 보이지만, 내게는 도움이 필요하다고 도와주기를 바라는 메시지로 들린다.

❖ 슈퍼바이저의 의견

상실감을 나타낸다. 엄마, 아빠처럼 행복한 결혼생활을 못 한 데서 왔다. 커다란 시계탑이 내면의 담은 문제를 말할 때가 되었다는 것을 표출시킨 것이다. 이제 더러운 똥과 마주한다.

> **제7회기 신도시(2007. 6. 2.)**

❖ 처음 놓은 소품: 얼음
❖ 놀이과정 및 행동관찰

모래를 오른쪽으로 쌓고 얼음조각을 물에 놓고 흰 돌을 물 위에 깔아 놓는다. 이글루 두 개를 오른쪽 양 끝에 놓고, 유니콘 이글루 사이에 놓는다. 문어를 이글루 앞 모래 위에서 바다를 향해 놓는다. 마술사를 유니콘 앞, 면사포를 쓴 인형을 이글루 앞쪽 모래 언덕에 놓는다. 바다사자 두 마리를 바다 흰 돌 사이에 놓는다. 아기인형 두 개를 위쪽 이글루 안에 넣고, 또 하나를 아래쪽 이글루 안에 넣었다. 조개껍질을 모래사장에 여기저기 놓고, 면사포를 쓴 인형을 옮겨 이글루 앞으로 옮기고 마친다.

❖ 내담자 표현 및 치료자 느낌

이번 회기 역시 무언가를 찾아 헤매는 것 같은 느낌을 받는다. 면사포를 쓴 인형이 본인이라면서 '무엇인가 이룰 것 같은 눈빛'이란다. 얼음 사이에 새끼 바다사자를 떼어 놓고는 모정을 상징하는 문어를 놓는다. 부정적 모성을 반성하는 뜻으로 놓은 듯 보였다. 새로운 변화를 갖고자 하는 정직한 상자로 새롭게 시작할 것을 말하는지 모른다. 그림을 보면 추워 보이고 얼어 있지만 내담자 스스로가 얼음을 녹이겠다는 의지를 나타낸 것이 아닌가 하는 생각을 해 보았다.

❖ 슈퍼바이저의 의견

단단했던 얼음이 녹아 가는 것은 Jung이 말하는 '연금술'에서 '용해(solution)'되는 과정으로서 녹아 가고 있는 것일 수도 있다. 그러나 제목(신도시)과 너무 안 어울린다.

❧ 처음 놓은 소품: 사과나무
❧ 놀이과정 및 행동관찰

모래를 궁혈(弓穴) 모양을 만들고 사과나무, 소나무를 왼쪽 위에 놓는다. 꽃나무 세 그루를 왼쪽 아래, 나무들을 위에 테를 두르고 오른쪽 가에 꽃장식 穴자리 안에 돌과 종, 물병을 거꾸로 세우고 큰 알을 찾아 놓는다. 튤립을 穴 입구 쪽에 놓고 마친다.

❧ 내담자 표현 및 치료자 느낌

속이 비어 있는 알이 없어서 표현을 제대로 못 했다고 아쉬워했다. 조용히 명상하면서 속을 비우고 살고 싶다고 말한다. 물병을 거꾸로 세우는 장면에서 공감이 갔다. 모든 것을 버리고 용서하고 싶은 마음을 진공 상태로 표현했으리라 보인다.

❧ 슈퍼바이저의 의견

진공으로 마음을 표현하고 7회기에서 8회기로 넘어오면서 꽃이 피는 장면에 의문점이 있다. 의식적 표현만 하는 느낌이다.

226

🔹 처음 놓은 소품: 풍차집

🔹 놀이과정 및 행동관찰

모래를 고른 후 봉우리 둘을 만들고 풍차집 둘을 왼쪽 위에 놓는다. 공룡 두 마리를 오른쪽 봉우리 뒤로 놓고, 또 공룡 두 마리를 가지고 와서 한 마리는 언덕 밑에, 다른 한 마리는 언덕 위에 놓는다. 나무 두 그루를 왼쪽 봉우리 위아래에, 꽃나무들을 왼쪽으로 놓는다. 새끼 공룡을 오른쪽 봉우리 아래쪽에 눕혀 놓는다. 화산을 오른쪽 봉우리 위에, 고래 한 마리를 봉우리 사이에 놓고 마친다.

🔹 내담자 표현 및 치료자 느낌

풍차가 에너지를 불어넣어 공룡과 대륙이 멸망한다. 큰 공룡의 포효로 작은 공룡은 벌써 죽었다. 이러한 과정들은 평화로운 대륙으로 통합되기 위한 전초전이라고 장면을 설명한다. 고래를 바다에 살고 있는 것으로 표현하려고 했는데 고래를 모래 위로 올려놓아 의도와는 다르다고 했다. 내담자가 상자를 대극으로 놓고 분화구를 놓으면서 무엇인가를 분출하려는 시도를 하고 있는 것으로 사료된다.

▟ 슈퍼바이저의 의견

'재창조'라고는 하지만 아직은 심적으로 변화되는 모습이 보이지 않는다. 진정한 변화가 일어나려면 모래상자의 세계를 직시하면서 시작해야 한다. 모래에 있는 '고래가 물에 있어야 한다.'는 말을 통해 본다면 용서와 화해를 못 하고 있다고 보인다.

> ## 제10회기 생명수(2007. 6. 20.)

▟ 처음 놓은 소품: 악기 든 소녀

▟ 놀이과정 및 행동관찰

상자 중앙을 둥글게 판 후 악기 든 소녀 넷을 그 주위에 놓는다. 펌프를 물 가운데 놓고는 물을 뿜어 올린다고 말한다. 나비 요정을 왼쪽 물가 놓는다. 나무, 꽃들을 왼쪽 위에 놓고, 튤립을 꽃나무 앞에 놓고 마친다.

▟ 내담자 표현 및 치료자 느낌

내담자가 펌프를 놓으면서 마음속 깊은 곳의 진실을 끌어 올리려 하고 있다. 생명수를 뿜어내는·장면을 보면서 소녀들이 악기로 힘을 주기 위해 연주를 하고, 끌어 올린 물은 나비요정이 꽃과 나무에 부어 주어 꽃과 나무가 무성하게 자라도록 하고 있다고 설명한다. 구연동화를 하듯이 이야기한다. 모래놀이가 앞 장면들과 이어지는(承) 것 같다. 6회기에 재봉틀을 놓으면서부터 이야기의 실타래가 풀리기 시작하고 있다.

❖ 슈퍼바이저의 의견

펌프를 놓으므로 내담자 마음속 깊은 곳의 진실을 끌어 올리려 하고 있다.

제11회기 의식(2007. 6. 22.)

❖ 처음 놓은 소품: 흑인연주자들
❖ 놀이과정 및 행동관찰

흑인 악사 네 명을 중앙에 타원형으로 여유 있게 자리 잡는다. 가로등을 위 좌우에, 화산(장작불이라며)을 악사들이 있는 중앙에 냄비를 불 위에 올려놓는다. 사과나무를 오른쪽 위 코너에 놓고 그 위에 검은 부엉이, 코알라를 올려놓고, 원숭이는 나무 밑에 놓는다. 유니콘 두 마리를 오른쪽 사과나무 밑에 놓고, 채소를 바구니에 담아 왼쪽 아래에 놓고 마친다.

▪ 내담자 표현 및 치료자 느낌

사냥을 마치고 음식을 끓이고 마을의 평화와 안전을 위해 원숭이와 새들도 의식에 동참하고 있다. 어떤 보이지 않는 힘을 빌려 도움을 받고자 하는 바람을 유니콘으로 상징화하는 것이 아닌가 보인다.

▪ 슈퍼바이저의 의견

내담자 자신만이 아니라 여러 사람(가족)의 바람을 기원하고 있다.

> 제12회기 살고 싶은 집(2007. 6. 27.)

▪ 처음 놓은 소품: 탁자
▪ 놀이과정 및 행동관찰

모래를 위로 올려 둑을 만들고 그 위에 흰색 파라솔이 있는 탁자와 의자 네 개를 중앙에, 그네는 왼쪽 위에 놓는다. 남자와 여자, 아이를 의자에 앉히고 그네에 여자아이를 앉힌다. 모래사장에 소라껍질, 불가사리를 놓는다. 거북이는 모래 위로 기어서 올라가고, 바다에서도 헤엄친다. 집을 오른쪽 위 코너에 놓고, 그 앞쪽을 야자나무로 가린다. 그네 주위에도 나무로 방풍림처럼 놓고 마친다.

내담자 표현 및 치료자 느낌

'온 가족이 함께 살고 싶은 집'이라 말한다. "집이 잘 안 보이네요."라고 말하자 "원근법에 의해서 멀리 보이게 놓았어요." 하고 답한다. "그래도 집이 나무에 가려서 잘 안 보이는데!" 하고 말하자 내담자가 "별장 같은 집이에요."라고 대답한다. 남편과의 관계가 석연치 않아서 그런지, 아니면 자신이 없는지 제목과는 달리 자신에 차 있는 집으로 보이질 않는다. 이루고자 하고, 꿈꾸고 있는 것은 꼭 이루어진다는 확신을 갖도록 힘을 실어 주어야겠다고 마음먹어 본다.

슈퍼바이저의 의견

정직한 마음으로 놓았다. 첫 회기에 혼자 있는 것에서 가족이 한가롭게 지내는 모습이 내담자가 원하는 정직한 표현이다. 바닷가의 집은 무의식에 가깝다.

제13회기 비상(2007. 8. 2.)

처음 놓은 소품: 독수리
놀이과정 및 행동관찰

위 중앙에 모래 언덕을 만들고 독수리 한 마리는 정상에, 한 마리는 언덕 아래 왼쪽에 놓는다. 만리장성을 상자 아래쪽 중앙에 동자승 4명으로 오른쪽에 원을 만들고 그 안에 태견 하는 노인을 놓는다. 작은 나무들을 왼쪽 아래에 놓고 그 안에 작고 순한 동물들(코끼리 새끼, 말, 캥거루 등)을, 빨간 이층미니버스는 좌에서 우로 숲을 지나고, 노란 미니 덤프트럭은 오른쪽에서 왼쪽으로 만리장성을 지나고 있다. 작은 만리장성을 오른쪽 아래에 물개 두 마리를, 두 독수리 사이에 물을 만들어 놓은 후 모래로 덮고 마친다.

❖ 내담자 표현 및 치료자 느낌

"언덕 위에 독수리가 저예요. 날아올라서 아래를 둘러보고 있어요." "멋진 비상이네요!"라고 말하자 내담자가 "내려다보니까 모두 작게 보여요!" 하고 말한다. 물개 두 마리를 모래로 덮으며 물속에 잠겨야 한다고 말한다. 작은 숲 속, 작은 동물들, 남편에 대한 내담자의 애정이 살아 있는 장면처럼 보인다. 물개 두 마리, 엄마, 아빠가 사랑하기를 숨죽여 기다리면서 조심스레 기어오르고 있는 모습의 그림 같다.

❖ 슈퍼바이저의 의견

빙하(7회기)에 있던 물개가 같이 있다. 둘 사이에 애정관계가 가까워지고 있다는 느낌이 든다. 내담자가 실제로 통찰력이 생기고 환경을 직시할 수 있어서 이 장면을 표현했다고 보인다. 본인이 상담을 종료할 의사를 보인 것인지도 모르겠으나 모래놀이치료를 앞으로 더 많이 해야 되겠다. 내담자의 큰딸이 상담을 시작하는 것은 좋은 일이다.

❖ 처음 놓은 소품: 시계탑

❖ 놀이과정 및 행동관찰

시계탑을 강단 중앙에 놓고, 피에로를 시계탑 양옆에 놓는다. 회전목마를 시계탑 앞에 놓고, 태양을 시계탑 위에 놓는다. 가로등은 오른쪽 아래 촛불로 바뀐다. 시소 타는 아이들을 가로등 앞, 과일 마차 2개를 왼쪽 아래에 놓는다. 신발을 시소 뒤쪽, 별을 시소 앞에 놓는다. 똥을 오른쪽 위 코너 피에로 뒤에 놓고 마친다.

❖ 내담자 표현 및 치료자 느낌

자신에 찬 모습으로 시계탑을 상자 위 중앙에 놓는다. 시계는 때를 알리는 의미로 해석해 본다면 남편과의 화해를 뜻하는 것이 아닌가? "우리 집 분위기가 좋아졌어요!"라고 하면서 제목을 '축제'라고 붙인다. 우리 집은 "축제 기간 같아 들뜬 기분이에요!" 차분하게 미소 짓는다. '똥'으로 묶은 감정들을 6회기에 이어 두 번째 배설을 한다. 신발은 남편의 마음이 돌아왔음을 의미하는 것으로 본다면 정말 '판타스틱'한 장면을 연출한 것이다.

❖ 처음 놓은 소품: 물방울
❖ 놀이과정 및 행동관찰

물방울로 위쪽 전체를 장식한다. 모래 중앙에 우물을, 우물 주위에 돌들을 깔아 놓는다. 빨래하는 여인과 빨래를 머리에 이고 오는 여인을 우물 주위에 놓는다. 키를 쓰고 울고 있는 오줌싸개 남자인형을 빨래를 이고 오는 여인 뒤에 놓고, 아주 작은 인형을 돌들 밑에 놓는다. 잡풀을 개울에 놓고 마친다.

❖ 내담자 표현 및 치료자 느낌

어릴 때 빨래터에서 빨래하는 모습을 지켜보고 서 있던 기억이 난다고 한다. 동상이 걸리도록 우물가에 있었다. 고등학교에 들어가면서 성적이 떨어지고 그때 성격이 많이 변했다. '왜 종일 우물가에 서 있었을까?' 동상이 걸릴 정도로 추운 날씨임에도 밖에서 서성대고 있었는지 모르겠다면서 눈을 가늘게 뜨고 회상에 잠긴다. 우물 밑쪽에 세운 아주 작은 인형이 자기라고 하면서 무엇을 말하고 싶어 하는 눈치였으나 말을 아끼는 모습이었다.

- 처음 놓은 소품: 귀부인
- 놀이과정 및 행동관찰

  귀부인을 모래 중앙에 놓는다. 학사모를 쓴 남자와 애기 업은 여자를 오른쪽에 놓는다. 작은 인형(지난번에 자기라고 한)을 오른쪽 위쪽에 놓고 마친다.

- 내담자 표현 및 치료자 느낌

  부모님과 1남 3녀. 그중 둘째로 예쁜 언니, 공부 잘하는 여동생, 부모님이 기다리다가 얻은 남동생들 사이에서 늘 뒷전으로 밀려 있었던 어린 시절 이야기를 한다. 아주 작은 인형을 본인으로 표현한 것이 느껴지는 장면이다. 소외당한 느낌으로 항상 화가 나 있었던 어린 시절, 분노를 억제하였던 어린 시절, 남편의 외도로 그동안의 모든 것들이 폭발하였으리라! 상처를 치유하기 위한 여정을 같이 가야겠다.

❖ 처음 놓은 소품: 나무

❖ 놀이과정 및 행동관찰

모래를 중앙에서 위로 가늘게 파서 물을 만들고 야자수를 오른쪽 위 코너 모래 언덕에 놓는다. 상어를 바다 가운데 놓고 외로운 천사를 야자수 오른쪽 옆으로 놓는다. 가족들을 물가로 달려오는 모습으로 놓는다. 골프 치는 사람을 위쪽으로 물가 끝에 놓고 마친다.

❖ 내담자 표현 및 치료자 느낌

물가 언덕에 쪼그리고 앉은 외로운 천사를 돕기 위해 가족들이 달려간다. 사경을 헤맬 때 가족의 진정한 사랑과 가족의 큰 힘이 나를 지켜 주고 있음을 깨달았다. 물속에 있는 상어가 가족과 내담자를 이어 주는 매개체라고 한다. 골프 치는 남편을 늘 미워했다고 했는데 가족이 돋보여서 그렇지 남편도 진정 빠른 회복을 빌고 있었던 것을 이제야 깨달았다고 말한다.

❖ 처음 놓은 소품: 사람
❖ 놀이과정 및 행동관찰

인형들의 모습을 관심 있게 보면서 고른다. 모래상자에 인형들을 중앙 밑에서 위로 하나씩 세운다. 제일 아래쪽에 책가방을 든 여자, 그 뒤에 신데렐라를 놓는다. 신데렐라 뒤에 춥고 외롭고 헐벗은 소년을 놓는다. 맨 위에 애기 업은 여인을 놓고, 그 앞에 아주 작은 사람을 놓고 마친다.

❖ 내담자 표현 및 치료자 느낌

주제를 '나'라고 한다. 제일 앞줄에 열심히 공부하는 '나' 이면에 잘나 보이고 싶은 공주병 걸린 '나'가 있다. 그러나 내면이 외롭고 마음이 헐벗은 '나'가 있고, 내가 나를 보면 아주 작은 존재라는 것을 깨달았을 때의 '나'가 있다. 그렇지만 결국은 아이들의 어머니임을 깨달은 진정한 '나'가 뒤에 있다고 한다. 자아정체감에서 완전한 개성화 과정으로 변하였음을 보여주는 감동스런 스토리이다. 여러 가지의 가면을 스스로 벗어 버린다는 메시지를 주고 있다.

:: 처음 놓은 소품: 탁자
:: 놀이과정 및 행동관찰

탁자와 의자를 왼쪽 아랫부분에 놓고, 탁자 밑쪽 의자에 상담사(내담자 본인)를 앉히고, 그 앞 의자에 사람(내담자)을 앉힌다. 컴퓨터를 탁자 오른쪽에 놓고, 공부하는 사람과 사각모를 쓴 여자(둘 모두 딸)를 상담실을 보고 오른쪽에 세운다. 비행기를 서 있는 여자아이들 아래에 비스듬히 위쪽으로 놓는다. 상담사 뒤에 남자를 세우며 남편이라 하고 마친다.

:: 내담자 표현 및 치료자 느낌

정년퇴직 후 노후의 모습을 연출하였다. '본인은 모래놀이치료사가 되어서 남편의 지지를 받으면서 상담실을 운영하고 있는 장면'이라고 한다. '아이들은 외국에 가서 공부도 하고 해외를 오가며 자기 역할을 다하고 있는 모습'이라면서 마무리하고자 하였지만 아직 마음속 무엇인가가 남은 듯 보였다.

❖ 처음 놓은 소품: 풍차집

❖ 놀이과정 및 행동관찰

풍차집을 왼쪽 위 코너에 놓는다. 풍차집 밑 모래를 약간 둥글게 만들고 펌프를 놓는다. 오른쪽에 다정한 모습의 남녀를, 그 좌우에 여자아이 둘을 놓는다. 사람들 뒤에 집을 놓고, 집과 펌프 사이에 여인을 놓는다. 펌프 주위에 꽃을 놓고 오른쪽 위 코너에 사과나무를 놓고 마친다.

❖ 내담자 표현 및 치료자 느낌

제목을 '멘토'라고 하면서 치료자라고 한다. 그동안 길을 안내해 주고 끝없는 에너지를 펌프로 끌어 올려 내담자 가족에게 쏟아부어 주어서 고맙다고 말한다. 사과나무의 상징을 좋은 결실을 맺게 된 것으로 표현하였다고 한다.

④ 자료분석

대상 여성이 총 20회에 걸쳐 모래에 표출시킨 자기 개성화 과정 결과를 혼돈의 단계, 투쟁의 단계, 자아와 자기 축의 단계, 적응의 단계로 분류하였다. 분류된 모래놀이 내용은 <표 3>에 제시하였다.

<표 3> 모래놀이의 단계별 분류

단계	단계별 분류 내용
혼돈의 단계	· 1회기 제목: 아름다운 노후(처음 놓은 소품: 집, 마지막: 울타리) · 2회기 제목: 자연 탐색(처음 놓은 소품: 배, 마지막: 꽃나무) · 3회기 제목: 희망을 찾아서(치음 놓은 소품: 과일나무, 마지막: 말) · 4회기 제목: 고요(처음 놓은 소품: 부처, 마지막: 보석)
투쟁의 단계	· 5회기 제목: 기사(처음 놓은 소품: 머리 둘 달린 용, 마지막: 인형) · 6회기 제목: 희망(처음 놓은 소품: 시계탑, 마지막: 돌(수석) · 7회기 제목: 신도시(처음 놓은 소품: 얼음, 마지막: 조개껍질) · 8회기 제목: 진공(처음 놓은 소품: 사과나무, 마지막: 튤립) · 9회기 제목: 재창조(처음 놓은 소품: 풍차집, 마지막: 고래)
자아와 자기 축의 단계	· 10회기 제목: 생명수(처음 놓은 소품: 악기 든 소녀, 마지막: 나무) · 11회기 제목: 의식(처음 놓은 소품: 흑인 연주자들, 마지막: 채소) · 12회기 제목: 살고 싶은 집(처음 놓은 소품: 탁자, 마지막: 나무) · 13회기 제목: 비상(처음 놓은 소품: 독수리, 마지막: 물개) · 14회기 제목: 축제(처음 놓은 소품: 시계탑, 마지막: 똥) · 15회기 제목: 빨래터(처음 놓은 소품: 물방울, 마지막: 풀) · 16회기 제목: 어린 시절(처음 놓은 소품: 귀부인, 마지막: 인형) · 17회기 제목: 가족의 힘(처음 놓은 소품: 나무, 마지막: 사람)
적응의 단계	· 18회기 제목: 나(처음 놓은 소품: 사람, 마지막: 사람) · 19회기 제목: 상담(처음 놓은 소품: 탁자, 마지막: 사람) · 20회기 제목: 멘토(처음 놓은 소품: 풍차집, 마지막: 사과나무)

① 혼돈의 단계

모래놀이 과정을 살펴보면서 1회기부터 4회기까지를 혼돈의 단계로 보았다. 이는 의식이 무의식을 강하게 누르고, 본인도 모르게 도사리고 있는 무의식의 부정적 그림자가 있음을 보여주는 것으로 보인다. 1회기, 집을 중앙 위쪽에 놓고, 혼자서 안락의자에 있는 모습을 놓고 편안하게 쉬고 싶은 꿈을 이야기한다. 풍차는 바람이 가정에 불고 있는 것을 나타낸 것일 수도 있고, 무엇인가 에너지를 불러오려고 시도하는 것일 수도 있다고 여겨진다. 2회기, 무의식에서 무엇인가를 끌어내려 시도는 하지만 에너지가 소진되어 물로 가지 못한다. 3회기, 주제와 상자의 표현이 불

확실하고 무의식 속에서 찾고자 하는 것이 무엇인지 명확하지 않다. 4회기 공간이 균형미는 있지만 의식화된 모래놀이를 하는 듯하였다.

② 투쟁의 단계

갈등은 보통 선과 악의 대결로 그려지며 동물의 싸움으로 묘사되기도 하는 단계를 5회기부터 9회기까지로 분류하였다. 5회기, 힘센 용과 뱀이 지키고 쥐가 다리를 건너간다. 무장한 기사는 뒤편에 서서 문제에 직면은 하고 있으나 적극적인 개입을 피하고 있다. 6회기, 시계를 오른쪽 위 코너에 놓은 것은 무엇인가 말할 때가 되었음을 상징하고, 똥을 시계탑 앞에 놓으면서 내면의 갈등과 마음의 그림자와 투쟁을 하고 있음을 투사하고 있다. 7회기, 차가운 얼음 조각과 부정적 모정의 상징인 문어가 오른쪽 아래에 있다. 오른쪽 아래는 의식적인 모자관계, 애착관계를 나타내는 공간으로 자녀들에게 어머니로서의 죄책감을 보여주고 있다. 8회기, 어머니의 자궁을 닮은 모래를 만들고 물병을 거꾸로 세우는 장면에서 모든 것을 용서하고 싶은 마음을 진공상태로 표현했으리라 보인다. 8회기로 넘어오면서 과일나무를 심고 꽃이 피는 장면이 연출되는 것은 상처받은 마음 밭을 일구려는 노력으로 보게 된다. 9회기, 동물과 식물을 대극으로 놓고 분화구를 놓으면서 무엇인가를 분출하려는 시도 하고 왼쪽 위의 공간적 상징인 무의식의 세계를 모래에 투사시켰다. 이것은 다시 힘을 불어넣어 재창조를 통해 붕괴 위기의 가정을 지켜 내려는 노력이 힘겨워 보이는 장면이다. 이 단계에서는 연금술로 해석한다면 변화를 보이기 위한 투쟁, 용기, 분리, 용해 등으로 새로운 도전을 시도하는 상자들로 볼 수 있다.

③ 자아와 자기축의 단계

자아분화를 위해서 과거로 퇴행하여 어머니로부터 분리되어 남성과 여성의 대응 개념을 통합하게 되며, 균형감각을 이루기 위한 단계로 10회기부터 17회기까지로 분류하였다. 10회기, 펌프를 물 가운데 놓고 물을 뿜어 올린다. 이는 내담자 마음속 진실을 끌어 올리려 하고 있는 것으로 볼 수 있다. 11회기, 사냥을 마치고 마을의 평화와 안전을 위한 의식에 원숭이와 새들도 동참하고 있다. 보이지 않는 힘을 빌려 도움을 받고자 하는 소망을 유니콘으로 상징화하는 것이 아닌가 보인다. 12회기, 가족이 한가롭게 지내는 모습이 아름답다. 내담자는 남편과의 관계가 회복되기를 소망하고 있다. 13회기, 남편에 대한 내담자의 애정이 살아 있고, 빙하(7회기)에서 떨어져 있었던 물개 두 마리가 조심스레 모래로 기어오르고 있다. 독수리로 상징된 모성애가 아이들과 배우자를 불러들이고 있다. 14회기, 시계는 때를 알리는 의미로 해석해 본다면 남편과의 화해를 뜻하는 것이 아닌가? "우리 집 분위기가 좋아졌어요!"라고 하더니 제목을 '축제'라고 한다. 이 상자에서 모래에 똥을 놓으면서 내면의 묶은 감정들을 배설하고, 촛불로 마음이 정화되었음을 나타내었다. 내담자는 잃어버린 자아를 찾았다는 표현으로 분홍 신을 오른쪽 아래에 놓으면서, 남편이 모래상자 안으로 들어왔다. 통합되고 판타스틱한 장면을 연출하였다. 15회기, 어릴 때 빨래터에서 빨래하는 모습을 지켜보고 서 있던 기억을 재현하였다. 내담자는 우물 밑에 아주 작은 인형을 상징으로 놓고, 어린 시절 위축되고 자기존중감이 낮았던 모습을 표출시켰다. 16회기, 소외당하여 화가 나 있었던 어린 시절, 역시 아주 작은 인형으로 표현하였다. 모래상자에 잃어버렸던 감정들을 정리하면서 치유의 과정으로 균형감과 안정감을 얻게 될 것이다. 17회기, 물가 언덕에 쪼그리고 앉은 외로운 천사를 돕기 위해 가족들이 달려간다. 둘째 딸 출산 후 과다출혈로 40여 일간 의식이 없었을 때 가족의 진정한 사랑과 가족의 큰 힘이 나를 지켜 주고 있음을 깨달았고, 남편도 진정 빠른 회복을 빌고 있었던 것을 이제야 깨달았다고 말한 상자이다. 이 단계에서 내담자는 스스로 자아분석을 통해 밀착된 가족으로부터 자기를 분리하게 되었고 배우자를 조금은 이해하게 되었다.

④ 적응의 단계

이 시기는 정상적인 일상사의 반영을 보여주고, 외부세계와 관계를 가질 준비를 하는 단계로 18회기, 19회기, 종결회기까지 분류하였다. 18회기, 제일 앞줄에 열심히 공부하는 '나', 뒷줄에 잘나 보이고 싶은 공주병들은 '나', 그 뒤쪽에 내면이 외롭고 마음이 헐벗은 '나'가 있고, 내가 나를 보면 아주 작은 존재라는 것을 깨달았을 때의 '나', 그렇지만 결국은 아이들의 어머니임을 깨달은 진정한 '나'가 뒤에 서 있다고 한다. 내담자 스스로를 개성화하면서 자아가 통합을 이룬다. 본인은 모래놀이치료사가 되어서 남편의 지지를 받으면서 상담실을 운영하고 있는 장면이라고 한다. 최종회에서 '멘토'라는 제목으로 연구자에 대한 내담자의 마음을 표현하였다. 이 단계에서 내담자는 스스로 성숙된 모습으로 건강하게 가족을 사랑할 준비를 하고자 하는 의지를 보였다.

⑤ 논의 및 결론

본 연구의 대상은 배우자의 외도로 가정의 질서가 무너지면서 잦은 부부갈등으로 우울증 성향을 보이게 된 중년여성이었다. 모래상자를 통해서 남편을 이해하고 수용해 가는 과정을 20회기에 걸쳐 살펴보았다. 본 사례는 진행과정에서 슈퍼비전(슈퍼바이저: Betty Jackson)을 받은 부분을 연구자의 해석과 같이 하였다.

모래놀이 과정을 살펴보면 1회기부터 4회기까지 혼돈의 단계로 상담 초기 내담자는 연구자와의 관계형성을 나타내는데 때로 혼돈스러울 수도 있고 복잡한 감정들이 아무 위험 없이 표현될 수 있는 관계와 장소라는 점에서 무의식의 세계를 드러내지 않으려 한다. Kalff는 '자유롭고 보호된 공간'(김보애, 2005)이라고 표현했던 곳이 모래상자로 그 안에서는 무의식의 내용들이 구체적인 형태를 띠고 나타나게 된다고 하였다. 이는 모래놀이치료 공간에서 연구자와의 관계 형성이 상담 초기에 매우 중요하다고 말하는 의미와 맥을 같이한다.

둘째, 투쟁의 단계로 5회기부터 9회기까지로 분류하였다. 5회기에서 머리 둘 달린 용을 기사를 앞세워 투쟁을 전개한다. 6회기에서 1회기에 집 앞에 놓았던 6개의 돌에서 예시되었던 문제의 원형이 등장한다. 초기 면접에서 '가장 잘못된 선택이 남편과 결혼한 것'이라고 말했던 것과 KFD 검사에서 남편의 존재를 동그라미로 그렸던 부분을 펼쳐 보였다. 커다란 시계를 놓으면서 말할 때가 됐음을 알렸으며, 똥을 놓으면서 갈등부분인 남편의 외도를 표출시킬 것인가에 대하여 스스로의 투쟁을 통해 마음의 무거운 그림자 일부를 벗어 놓는 작업을 하였다. 이것은 내면의 상처들을 스스로 치유해 보려는 시도이다. Ammann(1991)은 "모래놀이는 타인의 작용에 의해서 치유하는 것이 아니라 내담자 자신의 행동에 의해서 치유된다."(김보애, 2007, 재인용)는 이론을 지지하고 있다. 내담자는 모래상자에서 자신의 그림자를 투사하고, 단단했던 얼음을 녹이려 하고, 병, 화산 등 연금술에서 말하는 '용해(solution)'되는 과정으로 변화를 보이기 위한 새로운 도전을 시도하고 있다.

셋째, 자아와 자기축의 단계로 10회기부터 17회기까지로 분류하였다. 10회기, 상자 중앙을 둥글게 판 후 악기 든 소녀 넷을 그 주위에 놓고, 펌프를 물 가운데 놓고는 물을 뿜어 올린다. 펌프를 놓으므로 내담자 마음속 깊은 곳의 진실을 끌어 올리려 하고 있다. 11회기, 사냥을 마치고 음식을 끓이면서 마을의 평화와 안전을 위한 의식을 하는 장면, 원숭이와 새들도 의식에 동참하고 있다. 보이지 않는 힘을 빌려 도움을 받고자 하는 소망을 유니콘으로 상징화하는 것이 아닌가 보인다. 내담자 자신만이 아니라 여러 사람(가족)의 바람을 기원하고 있다. 12회기, 가족이 한가롭게 지내는 모습이 아름답다. 남편과의 관계가 아직은 다 풀리지 않았지만 내담자는 소망하고 있다. 이 단계에서는 불로 음식을 끓이고 배소하면서 긴장감을 풀어주고 창조적인 에너지를 발산하였다. 1회기에서 혼자 있었던 내담자는 남편과 가족 모두를 등장시켜 남편과 아이들이 한가로이 바닷가에서 쉬고 있었다. 내담자의 바람을 일반가정의 평범한 휴가 장면으로 표현한 것은 긍정적으로 보였고, 13회기, 산 위에서 독수리가 비상하면서 스스로의 문제에 대한 견해나 통찰력을 갖게 된 것은 연금술의 승화과정으로 볼 수 있겠다. 이 과정을 거치면서 내담자는 문제의 원형을 투영함으로써 객관화시키거나 그 상황을 더 분명하게 볼 수 있게 됐다. 축제를 벌이면서 태양, 별, 촛불, 돌아온 신발 등으로 통합의 과정으로 가는 판타스틱한 상자를 연출하였다. 작은 숲 속, 작은 동물들, 남편에 대한 내담자의 애정이 살아 있는 장면처럼 보이고, 엄마, 아빠가 사랑하기를 숨죽여 기다리면서 빙하(7회기)에서 떨어져 있었던 물개 두 마리가 조심스레 모래로 기어오르고 있다. 마음에서 배우자를 용서하려고 하고 있다는 신호를 보내고 있는 듯하다. 독수리로 상징된 모성애가 아이들과 배우자를 불러들이고 있다. 14회기, 시계탑 위에 태양을 꽂아 상자 위 중앙에 놓는다. 시계는 때를 알리는 의미로 해석해 본다면 남편과의 화해를 뜻하는 것이 아닌가? "우리 집 분위기가 좋아졌어요!"라고 하더니 제목을 '축제'라고 한다. 이 상자에서 모래에 똥을 놓으면서 내면의 묵은 감정들을 배설하였고, 촛불을 놓는 것으로 마음이 정화되었음을 나타내었다. 분홍 신을 오른쪽 아래에 놓아 잃어버린 자아를 찾았다는 표현으로, 남편을 모래상자 안으로 데리고 왔다. 통합되고 판타스틱한 장면을 연출하였다. 15회기, 물방울을 위에 펼쳐 놓고 어릴 때 빨래터에서 빨래하는 모습을 지켜보고 서 있던 기억을 재현하였다. 우물 밑에 아주 작은 인형을 놓고 내담자라고 한 것은 무의식의 Self가 살아나고 있음을 의미한다. 16회기, 소외당하여 항상 화가 나 있었던 어린 시절, 분노를 억제하였던 어린 시절을 아주 작은 인형으로 표현하였다. 모래상자에 잃어버렸던 감정들을 정리하면서 치유의 과정으로 균형감과 안정감을 얻게 될 것이다. 17회기, 물가 언덕에 쪼그리고 앉은 외로운 천사를 돕기 위해 가족들이 달려간다. 둘째 딸 출산 후 의식이 없었을 때 가족의 진정한 사랑과 가족의 큰 힘이 나를 지켜 주고 있음을 깨달았고, 그러한 상황에서 골프 치는 남편을 직업의 특성 때문에 접대용 골프였다고 이해하고 남편도 진정 빠른 회복을 빌고 있었던 것을 이제야 깨달은 상자이다. 이 단계에서 내담자는 스스로 자아분석을 통해 가족으로부터 자기를 분리하게 되었고 배우자를 조금은 이해하게 되었다.

아이들인 경우 이 단계를 보다 이르게 표출할 수 있는데 의식이 있는 성인의 경우 거의 마무리 단계에서 퇴행이 이루어진다고 볼 수 있겠다. 내담자는 어린 시절 어머니와의 관계에서 상처를 받고 소외당했던 장면들을 모래에 놓았다. Edinger는 자아는 자기에 파묻혀 있다가, 점차로 삶을 살아가면서 빠져나가, 드디어 완전하게 분화된다고 하였다. 그는 어린 시절에 정신세계가 손상받게 되면, 자아와 자기의 축은 망가지게 된다고 가정하였다. 그러므로 자아와 자기를 재결합시키는 방향으로 치료적 과제를 진행시켜야 한다고 주장했다. 또한 인간은 어릴 때 어머니와의 분리 경험으로 인해 상처받게 되며, 이런 상처에서 회복되어야만 전체성을 성취할 수 있다고 믿었다(이정숙, 고인숙, 2002). Jung은 연금술에서 Self의 출현을 위해서는 오래된 행동 패턴들이 없어지는 경험을 통해 변환과 전환을 거치면서 개성화 과정이 완전한 모습으로 되어 가는 과정과 동일한 과정으로 보았다. 다시 말해서 무의식 속에 버려져 있어 분화될 기회를 잃었던 그림자가 의식되어 햇빛을 보는 순간 그 내용들은 곧 창조적인 역할을 하게 된다. 또한 Jung은 "자기의 그림자를 보고 자신에 관한 앎을 견딜 수 있을 때, 그는 비로소 과제의 한 작은 부분을 해결한 것이다. 즉 최소한 개인적 무의식을 극복한 것이다(이부영, 2004)."라는 이론을 지지하고 있다.

넷째, 적응의 단계로 18회기, 19회기, 최종회기까지 분류하였다. 18회기, 진정 어머니임을 깨달아 통찰력을 갖게 되면서 연금술에서 말하는 승화를 하게 되었다. 내담자 스스로를 개성화하면서 자아가 통합을 이룬 것으로 해석할 수 있겠다. 19회기, 정년퇴직 후 아름다운 노후의 모습을 연출하였다. 모래놀이치료사가 되어서 남편의 지지를 받는 그림은 첫 회기에서 혼자 쓸쓸히 의자에 앉아 있던 모습과는 대조되는 장면이었다. 아이들도 자기 역할을 다하고 있는 모습을 그렸다. 이 단계에서 내담자는 성숙된 모습으로 건강하게 가족을 사랑할 준비를 하는 강한 의지를 보였다. 최종회에서 내담자는 제목을 '멘토'라고 하면서 연구자를 지칭한다. 펌프로 물을 뿜어 주어 내담자 가정이 안정을 찾을 수 있었고, 사과나무처럼 좋은 결실을 맺게 되어 고마움을 상자로 표현하고 싶었다고 하였다. 여기서 모래놀이를 종결하였다.

결론적으로 배우자의 외도로 성서적 혼란을 가져오면서 경제적, 육체적, 정신적으로 에너지가 소진되면서 분노와 수치심으로 자아에 큰 상처를 입고 우울증을 앓게 된 중년여성은 모래놀이를 하는 과정을 통해 치유되어 가는 모습을 볼 수 있었다. 그러나 이부영(1999)은 "불륜"을 저지른 사람에 대한 솟구치는 분노는 실은 피해자 자신의 어두운 그림자가 그 사람에게 투사된 것이다. 스스로 확신이 없을 때 사람들은 이념, 신앙, 주의에 매달린다. 투사가 하나도 일어나지 않는 인간관계란 없다. 중요한 것은 그림자와 투사과정을 의식화하여 부정적 판단을 내리지 않게 하는 일이다."라고 하였다. 또한 "의식화는 그림자의 존재만을 보는 것이 아니라 전체 정신을 깨닫는 것이다. 의식화된 사람을 남의 허물에 대해 너그럽고 자신의 부정적인 면에 대해 솔직해진다."고 말하였다. 내담자는 배우자의 외도로 입었던 상처를 치유하면서 자녀와 가정을 지키기 위하여 투쟁하고, 명상을 통해 자기를 비우는 작업을 모래상자에 투사하였다. 치유는 자연적인 기능을 회복될 수 있다는 것을 의미하고, 정신의 다른 기능을 회복함으로써 통찰을 통해 자아가 가능하게 한다(Weinrib, 1983, 재인용)는 견해와 맥을 같이한다. 본 사례에서 내담자의 성장과정의 심리적 갈등이나 외상 등 성장배경을 모래상자에 놓음으로써 내담자는 자기분석을 통해 자아와 Self 사이에 조화로운 관계가 형성되었다. 이러한 과정 속에서 스스로를 정화시켜 마음의 평화를 찾을 수 있었던 좋은 경험을 함으로써 개성화를 거쳐서 자아실현 단계에 도달하였다. 그러나 Jung은 '무의식의 의식화가 진행되면 결국 무의식성이란 없어지고 완전히 깨달은 상태가 되어 전인이 된다고 믿는다면 그것은 잘못이다. 무의식은 끝없는 세계이다. 아무리 의식화해도 미지의 세계는 남아 있게 마련이다.' 그러므로 Jung은 '자기실현은 반드시 완전해지는 것이 기보다 비교적 온전해지는 것(이부영, 2004)'이라고 한다. KFD 사후 검사에서 옆자리에 앉은 남편과 앞에 앉아 공부하는 아이들을 지켜보는 그림과 MMPI 타당도 사후 검사에서 '불안이나 걱정이 없고 자신에 만족하고 있다.'는 '한국가이던스'의 심리검사 결과로 모래놀이치료의 효과를 가늠할 수 있었다. 이러한 효과는 내담자를 기다림과 이해 등의 노력을 통해 배우자가 변화되었음을 보여주었다. 배우자는 자녀들이 미래 자기역할을 다할 수 있도록 경제적, 가정적인 면에서 책임을 다하는 모습을 보이면서 부부는 안정적이 되었다. 초등학교 자녀는 성적이 상위권 안으로 급상승하였고, 취학 전 자녀는 화장실을 자주 간다든가, 물건을 떨어뜨리는 불안증세가 사라졌다. 대인관계에 어려움을 보였던 내담자는 밝은 표정으로 동료들과 어울리며 시댁과도 잦은 왕래를 갖는 등 일상생활에서 많은 변화를 보이고 있다.

연구자는 20회기 동안 냉담, 기원, 의식, 바람 등 내담자의 심리적 여정을 지켜보면서 변화되어 가는 모습에 아낌없는 박수를 보낸다.

참고문헌

김경희, 이희자(2005). **모래상자 놀이치료**. 서울: 양서원.

김동규(1994). Freud의 Libido의 **발달과정과 성격형성론**. 서울: 교육과학사.

김보애(2005). **모래놀이치료의 이론과 실제**. 서울: 학지사.

김보애(2006). **분석심리와 모래놀이치료**. 서울: 가톨릭출판사.

김보애(2007). **만남의 신비**. 서울: 가톨릭출판사.

김중술(2003). **다면적 인성검사**. 서울: 서울대학교출판부.

김동인, 이진욱, 김임, 이선미, 은헌정(1997). 중년기 우울증 여성의 생활사건, 대처방식, 사회적 지지 및 가족관계. **대한신경정신의학회지**, 36(4), 620 – 629.

김신옥(2006). 모래상자 놀이를 통한 주의력 결핍 과잉행동 유아의 치료 사례연구. **놀이치료연구**, 10(2), 37 – 56.

김영순(1999). 공포·불안반응을 보이는 자폐성향 아동의 놀이치료 사례연구. **놀이연구**, 3(1), 73 – 85.

김은경(2002). 자폐성장애 아동의 행동 특성에 관한 연구. **부산장신논총**, 2, 165 – 212.

김종현, 윤치연, 이근매, 이성현, 이은림(2006). **특수아동교육**. 서울: 형설출판사.

김혜온, 허원(1995). 음악치료를 통한 자폐아의 행동수정에 관한 연구. **교육연구**, 8, 155 – 178.

박금자, 이혜경(2002). 중년여성의 우울 구조모형. **여성간호학회지**, 8(1), 69 – 84.

박영금(2006). 우울성향이 있는 중년여성의 모래놀이치료사례(중년여성의 개성화 과정). **모래놀이치료연구집**, 2, 57 – 87.

이부영(1999). **그림자**. 서울: 한길사.

이부영(2004). **분석심리학**. 서울: 일조각.

이정숙, 고인숙(2002). **모래놀이치료**. 서울: 하나의학사.

이화여자대학교 언어청각임상센터 역(1992). **자폐증 – 부모와 전문가를 위한 지침서**. 서울: 이화여자대학교출판부.

이동원, 이근후, 박영숙(1998). 도시가족의 부부역할 갈등과 가족의 안정성에 관한 연구. **가족과 문화**, 10(1), 1 – 33.

이무석(1999). 혼외정사: 정신분석적, 그리고 진화론적 관점. **신경정신학회**, 38(2), 241 – 249.

이은주(1996). **우울과 자기지향이 자기지각, 사회적지지 및 대처행동에 미치는 영향**. 이화여자대학교 대학원 석사학위논문.

장선철(2006). 특수유아의 이해. 서울: 동문사.

장미연, 진혜경, 이경숙(2005). 자폐성향 유아의 상징놀이 향상 단기프로그램 적용 사례 연구. 놀이치료연구, 9(2), 47 – 61.

장현숙(2006). 우울증 중년여성의 사례. 모래놀이치료연구집, 2, 163 – 187.

전효진(2006). 소집단 협동놀이가 자폐성 장애아동의 사회적 상호 작용에 미치는 영향. 단국대학교 대학원 석사학위논문.

정미경(2003). 어머니의 아동기 양육경험, 우울, 부부갈등 및 양육행동과 학령기 아동. 충북대학교 대학원 석사학위논문.

조인희(2005). 자폐 스펙트럼 장애에서 5 – HTTLPR 유전자 및 5 – HT 2A/5 – HTIDβ/5 – HT6 수용체 유전자 다형성에 대한 가족기반 연관연구. 중앙대학교 대학원 박사학위논문.

추정선(1999). 자폐아동의 심리치료 교육. 학생지도연구, 19, 113 – 134.

채영순(2000). 모래상자 놀이를 통한 유치원 부적응아의 치료사례연구. 경희대학교 교육대학원 석사학위논문.

한인영(1996). 혼외정사 부부의 재결합사례 연구. 한국 정신보건 사회사업학회지, 3, 81 – 98.

홍주연(1994). 모래상자 놀이치료가 주의력 결핍 과잉행동아의 행동변화에 미치는 효과에 관한 연구. 대구대학교 재활과학대학원 석사학위논문.

홍준표(1997). 자폐아의 사회적 위축과 중재. 한국 자폐학회 학술대회 자료집, 33 – 48.

황종귀(2006). 결혼만족도와 안정성에 관련된 요인: 돈에 대한 태도 유형별 모형 분석. 충북대학교 대학원 박사학위논문.

Beck, A. T.(1974). The development of depression: a cognitive model. In R. Friedman, & M. Katz (Eds.), *The psychology of pression: Contemporary theory and research*. New York: John Wiley and Sons.

DSM – IV.(1994). *Diagnostic and statistic manual – IV*. New York: Ameican Psychriatric Association.

Friedman, H., & Mitchell, R. R.(2007). *Supervision of Sandplay Therapy: Supervision in the arts therapies*. Madison Avenue, New York.

Hynd. G. & Hooper. S.(1992). Autistic disorder. *Neurological Basic of Childfood Psychopathology*, 85 – 94.

Kalff, D. M.(1988). *Sandplay in Switzerland: inttensive training*. Zolliken, Switzerland.

Kanner, L. B.(1943). Autistic disturbances of affective contact. *The Nervous Children, 2,* 217 – 286.

Lewis, R. A., & Spanier, G. B.(1979). Theorizing about the quality and stability of marriage. In

W. R. Burr, R. Hill, F. I. Nye, & I. L. Reiss(Eds.), *Contemporary theories about the family,* 2(pp. 268 — 294), New York: *Free Press.*

Mattoon, M. A.(1995). Historical notes. In P. Kugler (Ed.), *Jungian perspectives on clinical supervision.* Einsiedeln, Switzerland: Daimon.

Paul, R.(1987). Communication. In D. J. Cohen, A. M. Donnellan, & R. Paul(Eds), *Handbook of autism and pervasive developmental disorders*(pp.61 — 84). New York: John Wiley & Sons.

Quill, K. A.(1995). Enhancing childrens social — communicative interactions. In K. A. Quill(Ed.), *Teaching children with autism: Strategies to enhance communication and socialization*(pp.163 — 189). New York: Delmar.

Rutter, M., & Garmezy, N.(1983). Developmental Psychopathology, In E. M. Hetherington(Ed.), *Handbook of child Psychology*, 4, New York: Wiley.

Tager — Flusberg, H.(1989). A psycholinguistic perspective on language development in the autistic child. In G. Dawson(Ed.), *Autism: New direction on diagnosis, nature and treatment*(pp. 92 — 115). New York: Guilford.

Wiener, J., Mizen, R., & Duckham, J.(2003). *Supervising and being supervised: A practice in search of a theory.* New York: Palgrave Macmillan.

문채련

약 력

한국교원대학교 교육대학원 유아교육 전공(교육학석사)
충북대학교 대학원 아동복지 전공(문학박사)
문채련 모래놀이치료·가족치료 연구소장

자 격

유치원 원장
한국모래놀이치료학회 모래놀이치료 전문가
한국미술심리치료협회 수련감독 미술심리치료 전문가
한국라이프코치학회 라이프 코치
충북기독교청소년협회 심리상담 전문가
한국상담전문가연합회 상담전문가 2급

현 재

충북 모래놀이치료·가족치료·미술심리치료 연구소 소장
(사)충북기독교청소년협회 회장
대학강사

주요 논문

"유치원 예비교사와 경력교사의 놀이 개념에 관한 인식"
"유아교육 프로그램 유형에 따른 5세 유아의 활동 분석: 발도르프 프로그램과 생활 주제 중심 프로그램을 대상으로"
"유치원 교사의 놀이 개념에 관한 인식"
"유아 교사의 직무 만족도와 소진"
"결혼 여부 및 근무기관 유형에 따른 유아 교사의 직무 만족도와 소진"
"모래놀이 치료를 통한 자폐 성향 아동의 사회적 작용 및 의사소통에 미치는 사례 연구"
"우울증 성향을 보인 중년 여성에 대한 모래놀이치료 사례 연구"

모래상자 이야기

모래놀이치료 사례연구

초판발행 2010년 1월 29일
초판 2쇄 2019년 1월 11일

지은이 문채련
펴낸이 채종준
기 획 이주은
디자인 장선희
편 집 박재규
마케팅 김봉환

펴낸곳 한국학술정보(주)
주소 경기도 파주시 회동길 230 (문발동)
전화 031 908 3181(대표)
팩스 031 908 3189
홈페이지 http://ebook.kstudy.com
E-mail 출판사업부 publish@kstudy.com
등록 제일산-115호(2000. 6. 19)

ISBN 978-89-268-0680-7 93370 (Paper Book)
          978-89-268-0681-4 98370 (e-Book)

이 책은 한국학술정보(주)와 저작자의 지적 재산으로서 무단 전재와 복제를 금합니다.
책에 대한 더 나은 생각, 끊임없는 고민, 독자를 생각하는 마음으로 보다 좋은 책을 만들어갑니다.